AF148173

Studien zur Mobilitäts- und Verkehrsforschung

Reihe herausgegeben von
Matthias Gather, Erfurt
Andreas Kagermeier, Trier
Sven Kesselring, Geislingen
Martin Lanzendorf, Frankfurt am Main
Barbara Lenz, Berlin
Mathias Wilde, Frankfurt am Main

Mobilität ist ein Basisprinzip moderner Gesellschaften; daher ist die Gestaltung von Mobilität im Spannungsfeld von ökonomischen, sozialen und ökologischen Interessen eine zentrale Herausforderung für ihre Institutionen und Mitglieder. Die Schriftenreihe Studien zur Mobilitäts- und Verkehrsforschung versteht sich als gemeinsame Publikationsplattform für neues Wissen aus der Verkehrs- und Mobilitätsforschung. Sie fördert ausdrücklich interdisziplinäres Arbeiten der Sozial-, Politik-, Wirtschafts-, Raum-, Umwelt- und Ingenieurswissenschaften. Das Spektrum der Reihe umfasst Analysen von Mobilitäts- und Verkehrshandeln; Beiträge zur theoretischen und methodischen Weiterentwicklung; zu Nachhaltigkeit und Folgenabschätzungen von Verkehr; Mobilitäts- und Verkehrspolitik, Mobilitätsmanagement und Interventionsstrategien; Güterverkehr und Logistik.

Reihe herausgegeben von

Prof. Dr. Matthias Gather
Verkehrspolitik und Raumplanung
Fachhochschule Erfurt

Prof. Dr. Andreas Kagermeier
Freizeit- und Tourismusgeographie
Universität Trier

Prof. Dr. Sven Kesselring
Hochschule für Wirtschaft und Umwelt
Geislingen

Prof. Dr. Martin Lanzendorf
Institut für Humangeographie
Goethe Universität Frankfurt am Main

Prof. Dr. Barbara Lenz
Institut für Verkehrsforschung
Deutsches Zentrum für Luft- und Raumfahrt (DLR) Berlin

Dr. Mathias Wilde
Institut für Humangeographie
Goethe Universität Frankfurt am Main

Weitere Bände in der Reihe http://www.springer.com/series/11950

Julia Jarass

Neues Wohnen und Mobilität

Präferenzen und Verkehrsmittelnutzung in einem innerstädtischen Neubaugebiet

 Springer VS

Julia Jarass
Berlin, Deutschland

Dissertation Humboldt-Universität zu Berlin, 2017

Fortgeführte Reihe Band 38

Studien zur Mobilitäts- und Verkehrsforschung
ISBN 978-3-658-20717-5   ISBN 978-3-658-20718-2   (eBook)
https://doi.org/10.1007/978-3-658-20718-2

Die Deutsche Nationalbibliothek verzeichnet diese Publikation in der Deutschen National-
bibliografie; detaillierte bibliografische Daten sind im Internet über http://dnb.d-nb.de abrufbar.

Springer VS
© Springer Fachmedien Wiesbaden GmbH 2018

Gedruckt auf säurefreiem und chlorfrei gebleichtem Papier

Springer VS ist Teil von Springer Nature
Die eingetragene Gesellschaft ist Springer Fachmedien Wiesbaden GmbH
Die Anschrift der Gesellschaft ist: Abraham-Lincoln-Str. 46, 65189 Wiesbaden, Germany

Danksagung

Ich möchte all jenen Menschen danken, die mich beim Verfassen dieser Arbeit unterstützt und mich auf diesem Weg begleitet haben.

Mein besonderer Dank gilt Prof. Dr. Barbara Lenz und Prof. Dr. Dirk Heinrichs, die es mir ermöglicht haben, am Institut für Verkehrsforschung des Deutschen Zentrums für Luft- und Raumfahrt arbeiten und promovieren zu können. Von Beginn an stand mir Barbara Lenz bei Fragen unterstützend und mit sehr konstruktiven Ideen zur Seite und ließ mir gleichzeitig große Freiheiten in der Ausgestaltung meiner Dissertation. Dirk Heinrichs hat sich viel Zeit für den Austausch zu allen Belangen der Arbeit genommen und mit anregenden Diskussionen zum Gelingen der Arbeit beigetragen. Gleichzeitig hat er mir den Blick über den Tellerrand meines Promotionsthemas ermöglicht und mich bei der Weiterentwicklung meiner Interessen unterstützt. Prof. Dr. Joachim Scheiner möchte ich ganz herzlich für die hilfreichen Anregungen und die Begutachtung der Arbeit danken. Gerne erinnere ich mich an den inspirierenden Austausch über inhaltliche als auch methodische Fragestellungen. Zudem möchte ich den Mitgliedern der Prüfungskommission Prof. Dr. Henning Nuissl und Prof. Dr. Tobia Lakes herzlich danken.

Weiterhin möchte ich meinen Kolleginnen und Kollegen danken, die mich stets unterstützt haben. Insbesondere Rebekka Oostendorp, Laura Gebhardt, John Anderson, Sigrun Beige, Mirko Goletz und Benjamin Heldt haben mir hilfreiche Anregungen beim Verfassen der Arbeit gegeben. Gerne erinnere ich mich auch an Diskussionen über Reurbanisierung und Wohnstandortentscheidungen mit Fabian Beran. Roman Parzonka und André Bellert danke ich für die tatkräftige Unterstützung in der Feldphase (auch bei grauem Herbstwetter). In diesem Zusammenhang möchte ich auch allen Teilnehmerinnen und Teilnehmern der Interviews und Befragung danken, ohne deren Unterstützung diese Arbeit nicht möglich gewesen wäre.

Meinen Freunden bin ich sehr dankbar, dass sie mich über die gesamte Zeit unterstützt haben und (nicht nur) die letzten Jahre sehr bunt und abwechslungsreich gemacht haben. Insbesondere möchte ich Michael Hardinghaus danken, der mir immer mit klugen Ratschlägen zur Seite stand, mit dem ich viele inhaltliche Fragen diskutiert habe und der mich in schwierigen Phasen ermutigt hat. Uta Bauer und Robert Lusche möchte ich für die intensiven Gespräche und Korrekturen danken. Katja Dorner hat mich auf den letzten Metern bis zur Abgabe ungemein unterstützt und mich mit Zuversicht und Priorisierungen begleitet. Zudem möchte ich Meike Kröger ganz herzlich für ihre Kreativität danken.

Meiner Schwester Nina Jarass Cohen möchte ich ganz besonders danken, dass sie mir über die gesamte Zeit und darüber hinaus zur Seite stand und ihre Erfahrungen mit mir geteilt hat.

Mein größter Dank gilt meinen Eltern Gabriela und Hans Jarass, die in mir die Freude am wissenschaftlichen Arbeiten geweckt haben und mir ermöglicht haben, meinen eigenen Weg einzuschlagen.

Berlin, August 2017   Julia Jarass

Inhaltsverzeichnis

Tabellenverzeichnis

Abbildungsverzeichnis

1 Einleitung

Das Wohnen in der Stadt hat für viele Bevölkerungsgruppen in den letzten Jahren an Attraktivität gewonnen (z.b. Matthes 2016, Brake/ Herfert 2012, Herfert/ Osterhage 2012: 95, Kabisch et al. 2012, Jekel et al. 2010, Haase et al. 2010). Immer mehr Menschen ziehen in (inner-)städtische Gebiete oder bleiben dort, etwa nach der Phase der Ausbildung, wohnen. Ein sichtbarer Ausdruck dieser Entwicklung ist die Zunahme von Neubautätigkeiten in (inner-)städtischen Lagen. Dort wo nachverdichtet werden kann, werden Baulücken geschlossen; zum Teil entstehen dabei ganze Wohngebiete auf Konversions- oder Brachflächen (z.b. HafenCity, Hamburg; La Confluence, Lyon). Vor diesem Hintergrund stellt sich die Frage, welche Bedeutung das gestiegene Interesse am Wohnen in der Stadt für die urbane Alltagsmobilität hat. Im Vergleich zu weniger dicht besiedelten Gebieten zeichnen sich städtische Räume durch kürzere Wegelängen, einen größeren Nutzungsanteil an öffentlichen und nicht-motorisierten Verkehrsmitteln und durch eine geringere Pkw-Nutzung aus (Lenz et al. 2010: 42, Pucher/ Renne 2005). Da der stark Pkw-orientierte Verkehrssektor schädliche Emissionen und verursacht und zum Flächenverbrauch beiträgt, könnte die steigende Attraktivität städtischen Wohnens positive Auswirkungen auf die urbane Alltagsmobilität haben (siehe auch Matthes 2016).

Allerdings stellt sich hier die Frage, inwiefern die räumlichen Merkmale eines zentral gelegenen Wohnstandorts per se zu einem umweltfreundlichen Mobilitätsverhalten beitragen oder, ob individuelle Präferenzen in Bezug auf die Entscheidung für einen Wohnstandort von (größerer) Bedeutung für das Mobilitätsverhalten sind. In der Diskussion um Raumstruktureffekte, selektive Wohnstandortwahl und Alltagsmobilität[1] ist nicht abschließend geklärt, inwiefern räumliche Merkmale die Alltagsmobilität beeinflussen und damit stadtplanerische Instrumente genutzt werden können, um umweltverträgliches Mobilitätsverhalten zu fördern. Denn, räumliche Merkmale geben zwar die Rahmenbedingungen der verfügbaren Mobilitätsoptionen vor. Letztendlich wählen sich Personen aber

---

[1] Der Begriff der Alltagsmobilität wird in der vorliegenden Arbeit folgendermaßen verwendet: Das Mobilitätsverhalten (Verkehrsmittelnutzung, Wegehäufigkeit etc.) stellt gemeinsam mit den verfügbaren Mobilitätsressourcen (Pkw, ÖPNV-Ticket etc.) die Alltagsmobilität dar (ähnlich auch bei Holz-Rau/ Scheiner 2015: 4). Dabei wird der Begriff der Alltagsmobilität in Abgrenzung zur Wohnmobilität verwendet, die in dieser Arbeit als Prozess eines Wohnstandortwechsels ebenfalls von Bedeutung ist.

selbst - passend zu ihren individuellen Wohnstandortpräferenzen - diese Rahmenbedingungen mit der Entscheidung für einen Wohnstandort aus (Cao/ Chatman 2015, Bothe/ Kees/ Van Wee 2009, Mokhtarian/ Cao 2008). Seit Ende der 1990er Jahre wird die Bedeutung der selektiven Wohnstandortwahl für das Mobilitätsverhalten verstärkt in den Blick genommen. Dabei kommt ein Großteil der Untersuchungen zu dem Ergebnis, dass Präferenzen im Vergleich zu räumlichen Merkmalen einen ähnlich starken oder stärkeren Einfluss haben (z.B Boarnet/ Greenwald/ McMillan 2008, Cao/ Handy/ Mokhtarian 2009, Cao/ Handy/ Mokhtarian 2006, Van Wee/ Holwerda/ Van Baren 2002, Kitamura/ Mokhtarian/ Laidet 1997).

In der vorliegenden Arbeit wird untersucht, inwiefern dieser Zusammenhang auf innerstädtische Neubaugebiete zutrifft. Dabei stellt sich die Frage, ob auch innerhalb eines kleinräumigen Wohngebiets eine selektive Wohnstandortwahl stattfindet und das Mobilitätsverhalten beeinflusst. Im Gegensatz zu anderen Untersuchungen werden Wohnstandortpräferenzen dabei nicht einzeln betrachtet, sondern in Beziehung zueinander gesetzt, indem charakteristische Bewohnergruppen anhand einer Clusteranalyse ermittelt werden. Dadurch kann das Präferenzspektrum einer Person abgebildet werden. Wie in Abbildung 1 schematisch dargestellt, können somit Personen unterschieden werden, die beispielsweise hinsichtlich einer Präferenz übereinstimmen, aber davon abgesehen unterschiedliche Anforderungen an den Wohnstandort stellen. Im Fokus der Arbeit steht damit die Identifizierung und Charakterisierung von Bewohnergruppen, die sich aus unterschiedlichen Gründen für dasselbe Wohngebiet entschieden haben und die Frage, ob sich diese Gruppen auch in ihrem Mobilitätsverhalten unterscheiden.

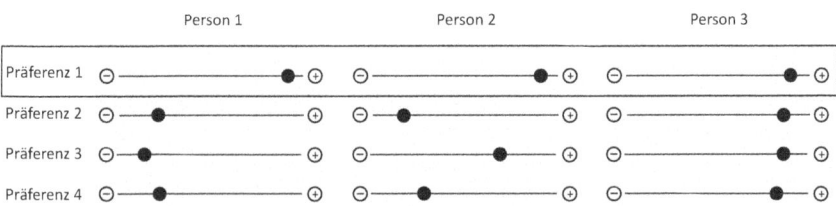

Abbildung 1: Modell zur Differenzierung von Präferenzen. (Eigene Darstellung)

In der Verkehrsforschung wurden bisher häufig soziodemographische Merkmale genutzt, um Personen zu gruppieren und Unterschiede im Mobilitätsverhalten aufzudecken (z.B. Kutter 1972, Kunert 1994, Hildebrand 2003). In einigen Ansätzen wurden Lebensstile, Mobilitätsstile oder Alltagspraktiken herangezogen, um Personen auf dieser Basis zu homogenen Gruppen zusammenzufassen und das Mobilitätsverhalten zu untersuchen (Ohnmacht/ Götz/ Schad 2009, Götz 2007, Lenz/ Nobis 2007, Hunecke 2002, Schneider/ Spellerberg 1999). Indem Personen anhand von Wohnstandortpräferenzen gruppiert werden, trägt die vorliegende Arbeit einerseits dazu bei, weitere Einflussfaktoren für das Mobilitätsverhalten aufzudecken. Andererseits werden dadurch die Anforderungen in Bezug auf den Wohnstandort mit Mobilitätsmustern in Verbindung gebracht, sodass Neubaugebiete dementsprechend an die Bedürfnisse der (künftigen) Bewohner angepasst und Mobilitätsangebote zielgruppenspezifisch gefördert werden können.

Forschungsfragen

Um festzustellen, welche Bedeutung die steigende Attraktivität (inner-)städtischen Wohnens für die urbane Mobilität hat, werden die folgenden Forschungsfragen untersucht:

–   Wodurch lassen sich die Bewohner eines exemplarischen innerstädtischen Neubaugebiets charakterisieren und wie sind sie im Alltag mobil? (Kapitel 6)
–   Welche Anforderungen haben die Bewohner an den neuen Wohnstandort gestellt und lassen sich Bewohnergruppen mit unterschiedlichen Wohnstandortpräferenzen identifizieren? (Kapitel 7)
–   Inwiefern unterscheiden sich die identifizierten Bewohnergruppen in ihrer Alltagsmobilität und kann die Verkehrsmittelnutzung anhand von Wohnstandortpräferenzen erklärt werden? (Kapitel 8)

Dies wird am Beispiel eines innerstädtischen Neubaugebiets in Berlin untersucht, das zwei unterschiedliche Gebäudetypen aufweist: Reihenhäuser und Mehrfamilienhäuser. Auf diese Weise wird zusätzlich geprüft, inwiefern unterschiedliche Gebäudetypen eine Bedeutung für die selektive Wohnstandortwahl haben und für welche Bevölkerungsgruppen diese Wohnformen attraktiv sind. Zudem ermöglicht die Untersuchung Rückschlüsse, ob das innerstädtische Reihenhaus eine Alternative zum suburbanen Wohnstandort darstellt und ob durch die Entwicklung solcher Wohnformen die Abwanderung ins Umland begrenzt werden kann.

Aufbau der Arbeit

Zunächst wird in Kapitel 2 das (wiederkehrende) Interesse am Wohnen in der Stadt thematisiert und vor dem Hintergrund der Reurbanisierung betrachtet. Es wird dargestellt, welche Haushaltstypen städtischen Wohnraum nachfragen und wie sich der Wohnungsneubau in den letzten Jahren entwickelt hat. Dabei wird die Relevanz innerstädtischer Neubaugebiete in Deutschland aufgezeigt, um das Untersuchungsgebiet in den Gesamtkontext einzuordnen.

Kapitel 3 behandelt den Zusammenhang von Wohn- und Alltagsmobilität anhand theoretisch-konzeptioneller Grundlagen und Erkenntnissen bisheriger Untersuchungen. Dabei wird aufgezeigt, inwiefern das Mobilitätsverhalten in weitere, vorgelagerte Entscheidungsebenen eingebettet ist. Anschließend werden der Prozess der Wohnmobilität beschrieben und die Implikationen für die Alltagsmobilität dargestellt. Hierbei geht es insbesondere um die Anforderungen an den neuen Wohnstandort und die Bedeutung (mobilitätsbezogener) Wohnstandortpräferenzen.

In Kapitel 4 wird das Untersuchungsgebiet beschrieben. Siedlungsstrukturelle Merkmale und Verkehrsinfrastrukturen werden in den Blick genommen, die städtebauliche Entwicklung des Gebiets wird skizziert und die unterschiedlichen Gebäudetypen werden vorgestellt. Anschließend wird die methodische Vorgehensweise der empirischen Untersuchung erläutert und die verwendeten Sekundärdaten werden vorgestellt (Kapitel 5).

In den folgenden drei Kapiteln werden die empirischen Ergebnisse präsentiert: Zunächst werden die Bewohnerstruktur und das Mobilitätsverhalten der Bewohner im Untersuchungsgebiet anhand deskriptiver Analysen charakterisiert, um zu verstehen, welche Bevölkerungsgruppen an einen solchen Standort ziehen und wie sie im Alltag mobil sind (Kapitel 6). Zur Einordnung in den gesamtstädtischen Kontext werden mithilfe von Sekundärdaten Vergleiche zur inneren und äußeren Stadt Berlins gezogen. Um festzustellen, ob die unterschiedlichen Gebäudetypen für die Zusammensetzung der Bewohnerstruktur von Bedeutung sind, werden die Analysen für das Reihenhaus- und das Mehrfamilienhausgebiet getrennt voneinander durchgeführt.

Aufbauend darauf wird in Kapitel 7 der Prozess der Wohnmobilität beschrieben, indem die Hintergründe des Umzugs, die räumlichen Suchmuster sowie die Wohnstandortentscheidung und Wohnzufriedenheit dargestellt werden. Es wird untersucht, welche Präferenzen die Bewohner hinsichtlich der Wohnung und des Wohnumfelds im Zuge der Wohnstandortwahl hatten und inwiefern Bewohnergruppen mit unterschiedlichen Wohnstandortpräferenzen in das Gebiet gezogen sind. Zur Identifizierung der Bewohnergruppen wird eine Clusteranalyse durchgeführt.

Anschließend wird die Alltagsmobilität der identifizierten Wohnpräferenzcluster in den Blick genommen und geprüft, ob Unterschiede hinsichtlich der Verkehrsmittelnutzung vorliegen (Kapitel 8). Mithilfe multipler Regressionsmodelle wird untersucht, inwieweit Wohnstandortpräferenzen neben bekannten Einflussfaktoren, wie soziodemographischen Merkmalen und Mobilitätsressourcen, zur Erklärung der Verkehrsmittelnutzung beitragen können.

Abschließend werden die empirischen Ergebnisse zusammengefasst, mögliche Implikationen für die Stadtplanung vorgestellt und weiterer Forschungsbedarf aufgezeigt (Kapitel 9).

2 Neues Wohnen in der Stadt

Mitte der 1950er Jahre setzten in Westdeutschland und nach der Wende auch in Ostdeutschland verstärkt Dekonzentrationsprozesse ein, die in Form von Stadt-Umland-Wanderungen bis heute andauern (z.b. Schönert 2003: 461). Die Nachfrage nach mehr Wohnfläche pro Kopf, der Wunsch nach Eigentum in Form eines Einfamilienhauses im Grünen, schlechte Umweltqualitäten in den Innenstädten sowie der Mangel an entsprechend geeigneten Potenzialflächen im vorhandenen Siedlungsbestand waren treibende Kräfte dieser Entwicklung (BMVBS 2010: 22). In den letzten Jahren ist allerdings eine Trendumkehr bzw. Abschwächung dieser Entwicklung zu erkennen und einige Kernstädte verzeichnen Reurbanisierungsprozesse[2], die in relativen oder absoluten Bevölkerungsgewinnen im Vergleich zum Umland zum Ausdruck kommen (Matthes 2016, Brake/ Herfert 2012, Herfert/ Osterhage 2012: 95, Jekel et al. 2010, Menzel 2007: 17, BMVBS 2007: 25, Buzar/ Odgen/ Hall 2005, Buzar et al. 2007). Das (wiederkehrende) Interesse am Wohnen in der Stadt ist nicht nur an Bevölkerungsgewinnen erkennbar, sondern äußert sich auch in einer Veränderung der städtischen Bevölkerungszusammensetzung – ‚neue' Bevölkerungsgruppen entdecken das Wohnen in der Stadt (Kabisch/ Steinführer/ Haase 2012: 123, Haase et al. 2010, Buzar/ Odgen/ Hall 2005,). Zudem wird Reurbanisierung auch als strategische Revitalisierung städtischer Räume verstanden, um Haushalte mit höheren Einkommen anzuziehen bzw. in der Stadt zu halten (Rérat 2012: 1109, Doucet 2010, Köppen 2008: 31, Hall/ Hubbard 1996). Teilweise werden in diesem Zusammenhang auch Gentrifizierungsprozesse beobachtet, wenn eine Verdrängung der ansässigen Bevölkerung durch Wohnungsneubau in nahegelegenen Gebieten erfolgt *(new-built gentrification)*. Dabei wird angenommen, dass die Entwicklung von hochwertigem Wohnungsneubau auf innerstädtischen Brachflächen zu sozial-

---

2   Van den Berg et al. (1982: 40ff) bezeichnen Reurbanisierung als Entwicklung, bei der die Bevölkerung der Kernstadt weniger schrumpft als die Bevölkerung des Umlands oder aber bei der die Bevölkerung der Kernstadt wächst, die suburbane Bevölkerung jedoch abnimmt. Reurbanisierung wird somit nicht als alleinstehende Entwicklung in der Stadt betrachtet, sondern ist im Zusammenspiel mit der Siedlungsentwicklung des Umlands zu sehen. Nach Rérat (2012: 1108) oder Osterhage (2011: 1358) kann bereits eine Phase der Reurbanisierung stattfinden, wenn die Kernstadt – losgelöst von der Betrachtung des Umlands – nach einer Zeit des Bevölkerungsrückgangs erneut an Bevölkerung gewinnt.

räumlichen Verdrängungsprozessen führt (Davidson/ Lees 2010, Van Criekingen 2010).

2.1 Haushaltsformen

Untersuchungen haben gezeigt, dass innerstädtisches Wohnen (zunehmend) für Personen aller Lebensphasen, Haushaltsgrößen und Lebensstile attraktiv ist (z.b. Kabisch/ Steinführer/ Haase 2012, Haase et al. 2010, Kabisch/ Haase 2009, Buzar/ Odgen/ Hall 2005). Stadtaffine Bevölkerungsgruppen verlagern ihren Wohnstandort in die Kernstadt bzw. verbleiben dort, weil sie den Vorteilen städtischen Wohnens – wie etwa kurze Wege, gute Erreichbarkeiten und ein breites Freizeitangebot – einen größeren Wert beimessen als den Nachteilen (z.b. Lärm, wenig Grün) (Kabisch/ Steinführer/ Haase 2012: 121). Zum Teil basiert die Entscheidung für einen innerstädtischen Wohnstandort auch auf pragmatischen Überlegungen, da vor dem Hintergrund knapper zeitlicher Ressourcen die Alltagsaktivitäten in städtischen Räumen flexibler organisiert und die Aktivitäten verschiedener Haushaltsmitglieder einfacher aufeinander abgestimmt werden können (Kabisch/ Steinführer/ Haase 2012: 121). Zudem sind Städte meist die erste Anlaufstelle für Menschen aus dem Ausland (Sturm/ Meyer 2008: 231). Dabei lässt sich die Gruppe der Migranten nicht einem bestimmten Haushaltstyp oder einer Altersgruppe zuordnen, sondern „repräsentiert das gesamte soziodemographische Spektrum" (Kabisch/ Steinführer/ Haase 2012: 123). Aufgrund der gestiegenen Nachfrage nach städtischem Wohnen, bestimmt die Höhe der Miet- und Kaufpreise von Wohnungen maßgeblich, welche Bevölkerungsgruppen sich einen innerstädtischen Wohnstandort überhaupt leisten können (Kabisch/ Steinführer/ Haase 2012: 121).

Single- und Paarhaushalte

Den größten Anteil der Zuzüge in die Kernstädte machen junge Personen in kleinen Haushalten aus, deren interregionale, zumeist ausbildungs- und arbeitsorientierte Wohnstandortentscheidungen insbesondere auf die Städte der prosperierenden Regionen ausgerichtet sind (Herfert/ Osterhage 2012: 108, Kabisch/ Haase 2011). Diese Gruppe sucht nach einem innerstädtischen Wohnstandort in der Nähe der Ausbildungs- oder Arbeitsstätte, mit guten Erreichbarkeiten zu Versorgungsgelegenheiten und Freizeiteinrichtungen. Junge Berufseinsteiger verbleiben zudem oftmals (bewusst) nach Ausbildung oder Studium in der Stadt wohnen (Kabisch/ Steinführer/ Haase 2012: 123). Das geringe bis mittlere Einkommen von Studenten, Auszubildenden und Berufseinsteigern schränkt dabei die Entscheidungen auf dem Wohnungsmarkt ein und lässt – je nach Situation des Wohnungsmarkts - nur ausgewählte Segmente zu. Diese Haushalte fragen sowohl kleine Wohnungen als auch große für Wohngemeinschaften geeignete Wohnungen nach. Obwohl diese Haushalte häufig über geringe Einkommen verfügen, sind sie durch den Zusammenschluss zu Wohngemeinschaften auch in hochpreisigen Stadtquartieren am Wohnungsmarkt konkurrenzfähig und stehen mit Familienhaushalten um große Wohnungen im Wettbewerb (BBSR 2011: 16).

Zudem haben sich in den letzten Jahren neue Lebensformen in der Partnerschaft herausgebildet, bei denen beide Partner ihre eigene Wohnung aufrechterhalten oder aufgrund ihrer Karrieremöglichkeiten in unterschiedlichen Städten leben (z.B. Living-Apart-Together Haushalte, Commuter-Ehe) (Sandfuchs 2009: 58). Um die Alltagsorganisation dieser Haushalte zu erleichtern, stehen hier oftmals Erreichbarkeiten bei der Wohnstandortwahl im Vordergrund.

Auch wenn es bisher kaum quantitative Befunde zum Zuzug älterer Personen in die Innenstädte gibt, spielen innerstädtische Wohnlagen vor dem Hintergrund des demographischen Wandels künftig verstärkt eine Rolle (Kabisch/ Steinführer/ Haase 2012: 122, Glasze/ Graze 2007, Köppen 2008). Da ältere Personen den überwiegenden Teil ihrer Zeit in der Wohnung oder im Wohnumfeld verbringen, liegen hier spezifische Anforderungen für die Eigenständigkeit und Mobilität vor (Flade 2006: 145). So können altersbedingte Probleme durch ungünstige Wohnverhältnisse verstärkt oder aber aufgrund günstiger Rahmenbedingungen abgeschwächt werden (Flade 2006: 145, Wahl/ Oswald/ Mollenkopf 1999). In diesem Sinne gewinnen Wohnstandorte mit einer guten Verkehrs- und Versorgungsstruktur und damit innerstädtische Wohnlagen vermutlich für ältere Personengruppen an Attraktivität.

Familienhaushalte

Die Vorteile eines innerstädtischen Wohnstandortes haben auch für Familien an Bedeutung gewonnen. Insbesondere wenn beide Eltern berufstätig sind, wird die Organisation des Alltags durch kurze Wege und gute Erreichbarkeiten zu Versorgungs- und Freizeitgelegenheiten erleichtert. Sobald die Kinder eigenständig ihren Aktivitäten nachgehen können, reduziert sich zudem die zeitliche Belastung von Begleitwegen. Da Familien besonders stark auf die Wohnung, das nähere Wohnumfeld und die Infrastruktur angewiesen sind, stellen sie an ihren Wohnstandort hohe Ansprüche, die allerdings nicht immer oder nur mit einem finanziellen Mehraufwand im innerstädtischen Umfeld realisiert werden können: Neben einem sicheren und kinderfreundlichen Wohnumfeld und der Nähe zu Schulen und Betreuungsangeboten benötigen Familien größere Wohnungen, vorzugsweise mit Garten und weiteren Neben- und Abstellflächen, wie etwa Kellerräumen

oder Garagen (BMVBS/ BBSR 2009: 12). Bei Wohnwunschbefragungen präfe-
riert immer noch ein Großteil der Befragten (ca. 80%) das freistehende Einfamilienhaus als Wohnform, das allerdings in Kernstädten nur einen geringen Anteil
der vorhandenen Bauformen ausmacht (BMVBS/ BBSR 2009: 12). Zusätzlich
besteht bei Familien häufig der Wunsch nach Eigentum, um für die Ausbildung
der Kinder vorzusorgen und eine Alterssicherung aufzubauen (BMVBS/ BBSR
2009: 15). Diese Anforderungen an den Wohnstandort sind jedoch je nach Quar-
tierstyp und Wohnungsmarktlage zum Teil nicht zu realisieren: Das städtische
Wohnungsangebot ist entweder nicht auf die Bedürfnisse der Wohnungssuchen-
den ausgerichtet oder es liegt außerhalb der finanziellen Möglichkeiten, sodass
sich ein Großteil der Familien schließlich für einen Wohnstandort am Stadtrand
oder im Umland entscheidet. So stellt Maretzke (2008: 12) fest, dass „[...] heute
wie auch bereits in den 1990er Jahren die Mehrzahl der Stadt-Umland-Wanderer
gerne in der Stadt geblieben wäre, wenn sie ein geeignetes und bezahlbares Angebot gefunden hätten". Daher liegt der Anteil an Familien in der inneren Stadt
deutlich unter dem Anteil von Ein- oder Zweipersonenhaushalten.

2.2 Wohnungsneubau

Die gestiegene Nachfrage nach innerstädtischem Wohnen kommt der planeri-
schen Zielvorgabe entgegen, die Innenentwicklung der Außenentwicklung vor-
zuziehen, wie die Einführung von Bebauungsplänen zur Innenentwicklung (§
13a BauGB) verdeutlicht. Demnach werden zunehmend vorhandene Flächen-
tenziale innerhalb des Siedlungsbestands durch (Re-)Aktivierung und bauliche
Verdichtung genutzt, anstatt Flächen an den Stadträndern oder im Umland aus-
zuweisen. Dabei hängt das Entwicklungspotenzial innerhalb gewachsener Siedlungsstrukturen von der Flächenverfügbarkeit und der Art der Fläche ab (BBSR
2013: 37). Je nach Lage, Größe der Fläche, planungsrechtlicher Grundlage und
vorheriger Nutzung eignen sich die Flächen unterschiedlich gut zur Wohnbebauung. Sowohl ungenutzte kleinteilige Flächen (z.B. Innenhofbebauung) als auch
Baulücken oder große Brachflächen dienen als Flächenpotenziale in der Stadt.
Brachflächen, die durch den Rückzug des produzierenden Gewerbes aus den
Städten oder durch die Aufgabe von Verkehrsanlagen und Militärflächen entstanden sind, erlauben oftmals die Entwicklung ganzer Stadtviertel innerhalb be-
stehender Siedlungsstrukturen. Je nach Lage der Fläche und in Abhängigkeit der
Entwicklungskonzepte entstehen auf ehemaligen Brachflächen beispielsweise
familienfreundliche Wohngebiete (z.B. Gildé Carrée, Hannover; Rummelsburger
Bucht, Berlin), autofreie Siedlungen (z.B. Freiburg Vauban) oder Großprojekte,
die durch die Nutzungsmischung von Arbeiten, Wohnen, Kultur und Einzelhan-

del eine besondere Bedeutung für die gesamte Stadt entfalten (z.B. HafenCity, Hamburg).

Neubaugebiete in Deutschland

Laut einer Studie des Bundesinstituts für Bau-, Stadt- und Raumforschung (BBSR) haben neue Stadtquartiere mit überwiegender Wohnfunktion eine große Relevanz für die bundesweite Stadtentwicklung (BBSR 2012: 4). Insgesamt konnten Ende 2011 mehr als 300 neue Stadtgebiete erfasst werden, die nach 1990 auf Grundlage einer einheitlichen Städtebaukonzeption erbaut wurden und mindestens 500 Wohnungen bzw. 1000 Einwohner auf einer Fläche von 10ha oder mehr beherbergen (BBSR 2012: 3). Werden die Einwohnerzahlen aller untersuchten Stadtquartiere addiert, ergibt sich mit knapp 450 000 Einwohnern eine Bewohnerzahl, die der Bevölkerung einer Großstadt wie Duisburg gleicht. Flächenmäßig ergeben die mehr als 300 neuen Stadtquartiere in Deutschland eine Größe, die die Ausdehnung einer Großstadt wie Kiel übertrifft (BBSR 2012: 4). Die neuen Stadtgebiete liegen vorrangig in den west- und süddeutschen Flächenstaaten sowie in den Stadtstaaten. Insbesondere in dynamischen Großstädten, wie Hamburg, München, Berlin, Frankfurt am Main und Köln wurden jeweils weit über zehn Großprojekte registriert, die bis zu 3% der Stadtflächen ausmachen (BBSR 2012: 5). Dort wo aufgegebene Militär-, Verkehrsstandorte oder sonstige Brachflächen eine Nachverdichtung zulassen, wurden neue Stadtgebiete geschaffen: 94% der untersuchten Gebiete befinden sich in zentralen oder sehr zentralen Lagen, sodass die Flächen in eine kompakte und nutzungsgemischte Umgebung eingebettet sind und gute Erreichbarkeiten des ÖPNV sowie die Nähe zu Versorgungsgelegenheiten und Arbeitsplätzen gegeben sind (BBSR 2012: 6). Die Baustruktur der Neubaugebiete deckt ein breites Spektrum an Wohnformen ab und reicht von Einfamilienhäusern bis zu Hochhäusern, wodurch auch die bauliche Dichte stark variiert.

Künftiger Neubaubedarf

Inwiefern auch künftig Neubautätigkeiten in Städten realisiert werden, hängt von der Bevölkerungsentwicklung, dem Wohnflächenverbrauch und dem Wunsch nach bestimmten Wohnformen ab. Auf Grundlage der BBSR-Raumordnungsprognose werden leicht sinkende Bevölkerungszahlen bis 2030 angenommen, wobei Großstädte in den ersten Prognosejahren eine Bevölkerungszunahme verzeichnen werden (BBSR 2015: 6). Da die durchschnittliche Haushaltsgröße weiterhin sinkt, wird die Anzahl der Haushalte entsprechend ansteigen. Zusätzlich wird auf Basis der BBSR-Wohnungsmarktprognose von einer steigenden Pro-

Kopf-Wohnfläche von aktuell 43 m² auf 47 m² bis 2030 angenommen (BBRS 2015: 5ff). Durch diese Entwicklungen wird der Bedarf an Wohnungen weiter ansteigen. In Abhängigkeit des aktuellen Wohnungsangebots wird ein Neubaubedarf von etwa 230.000 Wohnungen pro Jahr bis 2030 für das gesamte Bundesgebiet prognostiziert, wobei der Bedarf in dem kurzfristigen Zeitraum bis 2020 besonders hoch ist und in den Folgejahren sinkt (BBSR 2015: 14). Je nach Siedlungsstrukturtyp ergeben sich unterschiedliche Neubaubedarfe: Insgesamt werden in Großstädten und städtischen Kreisen mehr Wohnungen gebraucht als in ländlichen oder dünn besiedelten Kreisen. Dabei weisen Großstädte in erster Linie ein hohes Neubaupotenzial im Geschosswohnungsbau auf, wohingegen im Umland der Städte bzw. in ländlichen Kreisen der Neubau von Ein- und Zweifamilienhäusern von Bedeutung sein wird (BBSR 2015: 15).

3 Zusammenhang von Wohn- und Alltagsmobilität

Wie im vorherigen Kapitel gezeigt wurde, gewinnt das Wohnen in der Stadt für viele Bevölkerungsgruppen an Bedeutung. Da die Wohnstandortwahl mit der Alltagsmobilität verknüpft ist, ist diese Entwicklung auch für die urbane Mobilität relevant. Inwiefern Wohn- und Alltagsmobilität zusammenhängen, wird im Folgenden anhand theoretisch-konzeptioneller Grundlagen und Erkenntnissen bisheriger Untersuchungen behandelt. Zunächst wird dargestellt, inwiefern das Mobilitätsverhalten durch vorgelagerte Entscheidungen beeinflusst wird (Kapitel 3.1). Als vorgelagerte Mobilitätsentscheidung kommt der Wohnstandortwahl eine besondere Bedeutung zu, da hierdurch die räumlichen Rahmenbedingungen für die Alltagsmobilität definiert werden. Je nachdem wie die Siedlungs- und Verkehrsinfrastruktur am Wohnstandort ausgestaltet ist, beeinflusst dies die Alltagsmobilität der Haushalte (Kapitel 3.2). Gleichzeitig wählen Personen anhand ihrer individuellen Anforderungen und Möglichkeiten selektiv einen Wohnstandort aus und beziehen dabei Präferenzen ein, um ihre bevorzugten Lebensformen und Mobilitätsmuster am neuen Wohnstandort realisieren zu können (Kapitel 3.3). Da die Wohnstandortentscheidung als Teil der Wohnmobilität einem komplexen Entscheidungsprozess unterliegt und Präferenzen nicht immer und nicht von allen Haushaltsmitgliedern realisiert werden können, werden abschließend die Phasen der Wohnmobilität beschrieben und die Implikationen für die Alltagsmobilität dargestellt (Kapitel 3.4).

3.1 Mobilitätsverhalten im Kontext vorgelagerter Entscheidungen

Das Mobilitätsverhalten basiert auf kurzfristigen Entscheidungen, die zum Teil weniger rational als vielmehr durch Gewohnheiten geprägt sind. Wiederkehrende Zielorte und verfügbare Mobilitätsressourcen tragen dazu bei, dass Mobilitätsmuster eingeübt und schließlich routiniert vollzogen werden. Demnach wird das Mobilitätsverhalten über einen kurz- bis mittelfristigen Zeitraum als relativ stabil angesehen (Gärling/ Axhausen 2003). Treten Veränderungen in der Lebenssituation (z.B. Umzug, Pkw-Anschaffung) auf, wirkt sich dies auch auf das Mobilitätsverhalten aus. Somit ist es in vorgelagerte Entscheidungen eingebettet (Van Acker/ Van Wee/ Witlox 2010, Salomon/ Ben-Akiva 1983) (Abbildung 2).

Abbildung 2: Lang-, mittel- und kurzfristige Entscheidungsebenen. (Quelle: Eigene Darstellung nach Van Acker/ Van Wee/ Witlox 2010: 221)

Längerfristige Entscheidungen, wie etwa Lebensstile und Präferenzen beeinflussen mittelfristige Entscheidungen, wie die Wohnstandortwahl oder die Anschaffung von Mobilitätsressourcen (Van Acker/ Mokhtarian/ Witlox 2014, Scheiner 2006b: 118, Bagley/ Mokhtarian 1999; Schneider/ Spellerberg 1999). Diese mittelfristigen Entscheidungen beeinflussen wiederum kurzfristige Entscheidungen, wie das Mobilitätsverhalten. So hat die Entscheidung über die Ausstattung mit Mobilitätsressourcen (Pkw, ÖPNV-Zeitkarte etc.) maßgeblichen Einfluss darauf, wie die Mitglieder eines Haushalts ihre alltäglichen Wege zurücklegen (z.b. Beige 2008: 15, Simma/ Axhausen 2003). Besonders stark ausgeprägt ist dieser Zusammenhang naheliegender Weise für den Pkw-Besitz. Wenn ein Pkw im Haushalt verfügbar ist, steigt die Pkw-Nutzung, wohingegen andere Verkehrsmittel seltener genutzt werden (z.b. Cao/ Mokhtarian/ Handy 2009: 555, Pucher/ Renne 2005: 174). Auch die Wohnstandortwahl stellt eine relevante vorgelagerte Entscheidung für die Alltagsmobilität dar. Durch einen Umzug können sich die Erreichbarkeit von Zielgelegenheiten und die Verkehrsinfrastruktur ändern. Dieser Kontextwechsel struktureller Rahmenbedingungen bewirkt häufig, dass das ansonsten relativ stabile und von Routinen geprägte Mobilitätsverhalten hinterfragt und gegebenenfalls an die neuen räumlichen Rahmenbedingungen angepasst wird (Jones/ Ogilvie 2012, Scheiner 2006a: 166, Bamberg 2006; Stanbridge/ Lyons/ Farthing 2004).

Die dargestellten Entscheidungsebenen sind allerdings nicht eindeutig in eine zeitliche Abfolge zu bringen. Vielmehr beeinflussen sie sich wechselseitig (Bohte 2010: 102; Tardiff 1977, Dobson et al. 1978). Das Mobilitätsverhalten wirkt sich auch auf mittelfristige Wohnstandortentscheidungen aus, indem Mobilitätspräferenzen bei der Wohnstandortwahl berücksichtigt werden und ein bestimmter Wohnstandort beispielsweise aufgrund der verfügbaren Mobilitätsressourcen ausgewählt wird. Gleichzeitig kann die Ausstattung mit Mobilitätsressourcen aber auch in Folge einer Wohnstandortentscheidung angepasst werden. Zudem ist die hier vorgenommene Einteilung in kurz-, mittel- und langfristige Entscheidungen nicht trennscharf zu verstehen. Die Anschaffung von Mobilitätsressourcen kann etwa eine langfristig geplante Entscheidung (z.b. Autokauf) oder eine spontane und leicht veränderbare Entscheidung (z.b. Erwerb einer ÖPNV-Monatskarte) darstellen.

Zusammenhang von Wohnstandortpräferenzen, Wohnstandortentscheidung und Verkehrsmittelnutzung

Das Konzept der hierarchischen Entscheidungsebenen stellt die Grundlage für die vorliegende Untersuchung dar (Abbildung 3). Dabei wird angenommen, dass das ansonsten maßgeblich durch Routinen geprägte Mobilitätsverhalten bei einem Wohnstandortwechsel reflektiert und gegebenenfalls angepasst wird, sodass rationale Entscheidungsprozesse in den Vordergrund treten.

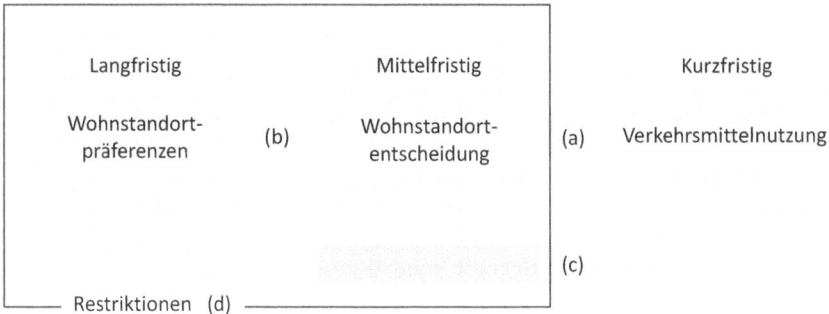

Abbildung 3: Zusammenhang von Wohnstandortpräferenzen, Wohnstandortentscheidung und Verkehrsmittelnutzung. (Quelle: Eigene Darstellung)

Demnach wirken lang- und mittelfristige Entscheidungen in dreierlei Hinsicht auf die Verkehrsmittelnutzung ein. Zunächst gibt die Wohnstandortentscheidung die strukturellen Rahmenbedingungen vor (Abbildung 3 (a)). Je nachdem wie Siedlungs- und Infrastrukturen am Wohnstandort beschaffen sind, wirkt sich dies auf die Verkehrsmittelnutzung der Bewohner aus. Beispielsweise kann die Parkplatzsuche am neuen Wohnstandort aufgrund fehlender Parkmöglichkeiten als umständlich und langwierig empfunden werden, sodass die Person seltener den Pkw nutzt. Inwiefern Siedlungs- und Infrastrukturen das Mobilitätsverhalten beeinflussen, wird in Kapitel 3.2 dargestellt.

Der Wohnstandort wird wiederum anhand von individuellen Präferenzen und Möglichkeiten ausgesucht (Abbildung 3 (b)). Somit können hier bevorzugte Mobilitätsmuster berücksichtigt und ein Wohnstandort mit entsprechenden räumlichen Rahmenbedingungen gewählt werden. Zudem wird angenommen, dass sich Präferenzen nicht nur indirekt über die Wohnstandortentscheidung auf die Verkehrsmittelnutzung auswirken, sondern auch einen direkten Einfluss auf die Verkehrsmittelnutzung haben (Abbildung 3 (c)). Demnach würden sich auch zwischen Personen desselben Wohngebiets Unterschiede in der Verkehrsmittelnutzung ergeben. Der Zusammenhang von Wohnstandortpräferenzen, selektiver Wohnstandortwahl und Mobilitätsverhalten wird in Kapitel 3.3 in den Blick genommen.

Da die Wohnstandortwahl Restriktionen unterliegt, eine Vielzahl an Faktoren abgewogen und häufig zwischen mehreren Haushaltsmitgliedern verhandelt werden müssen, können Präferenzen allerdings häufig nur zu einem gewissen Grad eingebracht werden (Abbildung 3 (d)). Daher wird in Kapitel 3.4 die Wohnstandortentscheidung als Teil der Wohnmobilität näher beschrieben, um einzuordnen, inwiefern individuelle Präferenzen überhaupt in diesem komplexen Entscheidungsprozess berücksichtigt werden.

3.2 Wohnstandort – Rahmenbedingung des Mobilitätsverhaltens

Mit der Entscheidung für einen Wohnstandort sind grundsätzliche Rahmenbedingungen für das Mobilitätsverhalten vorgegeben. Die Ausgestaltung der Siedlungs- und Verkehrsinfrastruktur bestimmt, wie weit tägliche Ziele entfernt liegen, mit welchen Verkehrsmitteln die Wege dorthin zurückgelegt werden können und welche Mobilitätsressourcen benötigt werden. Eine Vielzahl an Untersuchungen hat gezeigt, dass sich zwischen verschiedenen Siedlungsstrukturen zum Teil deutliche Unterschiede im Mobilitätsverhalten erkennen lassen (z.B. Naess 2012, Ewing/ Cervero 2010, Naess 2003, Meurs/ Haaijer 2001, Cervero/ Kockelman 1997). Die Bewohner städtischer Räume legen durchschnittlich kürzere Distanzen bei gleichbleibender Wegeanzahl zurück, nutzen häufiger öffentliche Verkehrsmittel und legen mehr Wege zu Fuß und mit dem Fahrrad zurück als Bewohner peripherer Gebiete (Lenz et al. 2010: 42, Pucher/ Renne 2005). Auch innerhalb von Städten lassen sich unterschiedliche Mobilitätsmuster erkennen. So steigt etwa die Nutzung nicht-motorisierter und öffentlicher Verkehrsmittel mit der Nähe zum Stadtzentrum an (Arndt/ Zimmermann 2012: 81). Somit besteht ein Zusammenhang zwischen Siedlungsstrukturen und Mobilitätsverhalten. Inwiefern räumliche Merkmale das Mobilitätsverhalten - auch unter Berücksichtigung einer selektiven Wohnstandortwahl (siehe hierzu Kapitel 3.3) - direkt beeinflussen, ist bisher nicht eindeutig belegt. In einigen Studien kann allerdings für ausgewählte räumliche Merkmale und unter Berücksichtigung soziodemographischer Merkmale und Präferenzen ein direkter Einfluss festgestellt werden. Da der Fokus der vorliegenden Arbeit auf der Verkehrsmittelnutzung liegt, werden im Folgenden entsprechende Erkenntnisse zum Einfluss räumlicher Merkmale differenziert für die Nutzung nicht-motorisierter und motorisierter Verkehrsmittel dargestellt.

Nicht-motorisierte Verkehrsmittel

Nicht-motorisierte Verkehrsmittel werden durch kompakte und nutzungsgemischte Stadtstrukturen begünstigt,[3] da die Distanzen zu den Zielen täglicher Aktivitäten hier durchschnittlich kürzer sind als in einer dispersen Siedlungsstruktur (Parady et al. 2014, Cao/ Mokhtarian/ Handy 2009: 554ff, Cao/ Handy/ Mokhtarian 2006: 14, Naess 2003: 158ff). Eine Untersuchung zur Einkaufsmobilität in Deutschland unterstreicht die Relevanz von Entfernungen für die Verkehrsmittelnutzung. Personen, denen ein Pkw zur Verfügung steht, gehen bei kurzen Entfernungen häufig ebenfalls zu Fuß. Liegt das Geschäft in einem Umkreis von weniger als 200 Metern, gehen 86% zu Fuß. Bei weiteren Distanzen nimmt die Bereitschaft zu Fuß zugehen deutlich ab: Nur noch 54% der Personen, denen ein Pkw zur Verfügung steht, gehen bei einer Entfernung zwischen 600 und 800 Metern zu Fuß (BMVBS 2011: 21f). Zudem hat die Stadtgestaltung einen besonderen Einfluss auf die Nutzung nicht-motorisierter Verkehrsmittel, da diese Modi durchschnittlich geringere Geschwindigkeiten aufweisen als der öffentliche Nahverkehr oder Pkw und die umliegende Siedlungsstruktur dadurch direkter erlebbar ist. Neben gut ausgebauten und sicheren Fußgänger- und Radwegen (z.B. Larco et al. 2012, Bhat/ Eluru 2009: 761, Ewing/ Cervero 2001: 100), beeinflusst die Aufenthaltsqualität im öffentlichen Raum die Nutzung nicht-motorisierter Verkehrsmittel. Cao, Mokhtarian und Handy (2009: 554) stellen beispielsweise für Nordkalifornien fest, dass Personen häufiger zu Fuß gehen oder mit dem Fahrrad fahren, wenn sie das Wohnumfeld als gepflegt, attraktiv mit abwechslungsreichen Gebäuden und begrünten Straßen wahrnehmen. Stark befahrene Straßen verringern hingegen die Aufenthaltsqualität, sodass folglich weniger Wege zu Fuß zurückgelegt werden (Cao/ Handy/ Mokhtarian 2006: 14ff).

---

3 Nicht immer besteht hier allerdings ein linearer Zusammenhang. So stellen Christiansen et al. (2016) anhand einer Untersuchung in zehn Ländern weltweit fest, dass Bewohner dicht bebauter Wohngebiete häufiger zu Fuß gehen, allerdings nur bis zu einem bestimmten Dichtegrad.

Motorisierte Verkehrsmittel

Für die Nutzung öffentlicher Verkehrsmittel stellen Ewing and Cervero (2010) in einer Meta-Analyse fest, dass die Nähe zu Haltestellen eine wesentliche Rolle für die Nutzung des öffentlichen Nahverkehrs spielt (siehe auch Kitamura/ Mokhtarian/ Laidet 1997: 155). Aditjandra, Cao und Mulley (2016: 12ff) untersuchen für England anhand von Strukturgleichungsmodellen, inwiefern sich die Verkehrsmittelnutzung nach einem Umzug in eine andere Raumstruktur verändert. Dabei bestätigen sie die Relevanz von ÖPNV-Haltestellen in der Nähe des Wohnstandorts für die Nutzung des öffentlichen Nahverkehrs. Zudem zeigt sich, dass der Pkw-Besitz sinkt, wenn es mehr Einkaufsgelegenheiten im Wohngebiet gibt. Dies hat wiederum eine häufigere Nutzung des ÖPNV zur Folge.

Für die Pkw-Nutzung ist neben dem Straßennetz auch die Ausstattung mit Parkplätzen von Bedeutung. So werden mehr Wege mit dem Pkw zurückgelegt, wenn problemlos ein Parkplatz am Wohnstandort gefunden wird (Weinberger/ Seaman/ Johnson 2009, Kitamura/ Mokhtarian/ Laidet 1997: 155). Die Stellplatzdichte wirkt sich nicht nur auf die Pkw-Nutzung, sondern auch auf den Pkw-Besitz aus: Guo (2013: 24f) stellt für New York fest, dass die Verfügbarkeit von Pkw-Stellplätzen den Pkw-Besitz beeinflusst und diesen zum Teil besser erklären kann als soziodemographische Merkmale. Dabei wirkt sich die Art der Parkmöglichkeit (Garage, privater/ öffentlicher Stellplatz) unterschiedlich auf den Pkw-Besitz aus. Insbesondere Haushalte mit privaten Parkmöglichkeiten besitzen häufiger einen (weiteren) Pkw.

Insgesamt zeigt sich somit, dass der Wohnstandort anhand der Siedlungs- und Verkehrsinfrastruktur gewisse Rahmenbedingungen für die Alltagsmobilität vorgibt und diese zum Teil beeinflusst. Dabei geht es vermutlich weniger um das bloße Vorhandensein bestimmter räumlicher Merkmale. Vielmehr kommt es darauf an, wie diese Merkmale individuell wahrgenommen und bewertet werden. Cao, Mokhtarian und Handy (2009: 554) weisen darauf hin, dass die subjektive Wahrnehmung räumlicher Merkmale für die Erklärung des Mobilitätsverhaltens vermutlich von größerer Bedeutung ist als die objektiven physisch-baulichen Eigenschaften.

3.3 Wohnstandortpräferenzen, selektive Wohnstandortwahl und die Bedeutung für das Mobilitätsverhalten

Werden in erster Linie räumliche Merkmale zur Erklärung des Mobilitätsverhaltens herangezogen, wird vernachlässigt, dass Personen anhand individueller Präferenzen und begründet durch soziodemographische Merkmale Wohnstandorte auswählen, die es ermöglichen ihr präferiertes Mobilitätsverhalten umzusetzen *(residential self-selection)* (Cao/ Chatman 2015, Mokhtarian/ Cao 2008, Molin/ Timmermans 2003, Bagley/ Mokhtarian 1999).

Mokhtarian und Cao (2008) sowie Bothe, Maat und Van Wee (2009) geben einen Überblick über Studien und darin verwendete Methoden, die den Effekt der selektiven Wohnstandortwahl auf das Mobilitätsverhalten untersuchen. Methodisch gibt es unterschiedliche Herangehensweisen, um den Einfluss einer selektiven Wohnstandortwahl auf das Mobilitätsverhalten zu untersuchen. Häufig werden Querschnittsuntersuchungen mit Kontrollvariablen durchgeführt, es werden Strukturgleichungsmodelle berechnet oder Längsschnittuntersuchungen durchgeführt, bei denen Personen vor und nach einem Umzug befragt werden (Van Herick/ Mokhtarian 2015, Bohte 2009, Mokhtarian/ Cao 2008). Insgesamt kommt ein Großteil der Studien zu dem Ergebnis, dass Einstellungen und Präferenzen im Vergleich zu räumlichen Merkmalen einen stärkeren oder einen ähnlich starken Einfluss haben (z.B. Cao/ Handy/ Mokhtarian 2009, Boarnet/ Greenwald/ McMillan 2008, Boarnet/ Greenwald/ McMillan 2008: 346, Cao/ Handy/ Mokhtarian 2006, Van Wee/ Holwerda/ Van Baren 2002, Kitamura/ Mokhtarian/ Laidet 1997). So fassen Kitamura, Mokhtarian und Laidet (1997: 156) zusammen: „It may be concluded that attitudes are certainly more strongly, and perhaps more directly, associated with travel than are land use characteristics. This suggests that land use policies promoting higher densities and mixtures may not alter travel demand materially unless residents' attitudes are also changed."

Da sich die vorliegende Arbeit in erster Linie mit der Verkehrsmittelnutzung beschäftigt, werden im Folgenden einige Erkenntnisse zur Bedeutung der selektiven Wohnstandortwahl für die Verkehrsmittelnutzung dargestellt. Van Wee/ Holwerda/ Van Baren (2002) untersuchen den Einfluss von Mobilitätspräferenzen auf die Wohnstandortwahl und die Verkehrsmittelnutzung und konstatieren einen zusätzlichen Erklärungsgehalt, wenn Präferenzen neben soziodemographischen und räumlichen Merkmalen berücksichtigt werden. Insbesondere eine Präferenz für öffentliche Verkehrsmittel erweist sich als relevante Erklärungsgröße für die Wohnstandortwahl und das anschließende Mobilitätsverhalten. Personen, die den ÖPNV bevorzugen, wählen demnach zu ihren Bedürfnissen passende Wohngebiete aus und nutzen den ÖPNV signifikant häufiger. Nicht nur Mobilitätspräferenzen sind aufschlussreich für die Erklärung des Mobilitätsverhaltens, sondern auch Wohnstandortkriterien, die sich zum Teil nur implizit auf Mobilitätsbedürfnisse beziehen. So stellen Handy et al. (2005: 439) im Rahmen einer Untersuchung in Nordkalifornien fest, dass Personen, die Wohnstandorte mit großen Gärten und Pkw-Stellplätzen oder Garagen bevorzugen, signifikant längere Strecken mit dem Pkw zurücklegen als Personen bei denen diese Präferenz nicht oder schwächer ausgeprägt ist.

Neben Präferenzen für bestimmte Verkehrsmittel, beziehen Personen zudem auch Wegelängen und Reisezeiten in die Wahl des Wohnstandorts ein (De Vos/ Witlox 2016, Scheiner 2010). Deutlich sichtbar wird der Einfluss von Wohnstandortpräferenzen auf das Mobilitätsverhalten, wenn eine Diskrepanz zwischen dem präferierten und dem tatsächlichen Wohnstandort besteht: Aufgrund eingeschränkter Alternativen bei der Wohnstandortwahl, wenn sich räumliche Merkmale des Wohnstandorts verändern oder Präferenzen neu ausgerichtet werden, kann der gewünschte Wohnstandort von dem tatsächlichen Wohnstandort abweichen. Dies spiegelt sich auch im Mobilitätsverhalten wider, wodurch sich die Wirkung von Präferenzen – unabhängig von dem Einfluss räumlicher Merkmale – bestätigt (Cao 2015, Cho/ Rodriguez 2014, Kamruzzaman et al. 2013, De Vos et al. 2012, Jarass 2012, Schwanen/ Mokhtarian 2005, Schwanen/ Mokhtarian 2005a). Aufschlussreich ist in diesem Zusammenhang, dass sich das Mobilitätsverhalten zwischen Bewohnern unterscheidet, deren Präferenzen mit den vorzufindenden Siedlungs- und Infrastrukturen übereinstimmen und denjenigen, deren Präferenzen von den räumlichen Eigenschaften abweichen. Schwanen/ Mokhtarian (2005) stellen anhand einer Untersuchung im Raum San Francisco fest, dass sich die Bewohner eines innerstädtischen Gebiets in Abhängigkeit ihrer Präferenzen in der Verkehrsmittelnutzung auf Arbeitswegen unterscheiden: Demnach nutzen Pendler mit einer Vorliebe für einen suburbanen Standort häufiger den Pkw, als Pendler mit urbanen Wohnstandortpräferenzen, obwohl beide Gruppen an einem innerstädtischen Standort leben und somit ähnliche siedlungsstrukturelle Voraussetzungen vorfinden. Allerdings beziehen diese Studien immer nur zwei mögliche Ausprägungen von Wohnstandortpräferenzen in die Analysen ein: Präferenzen für einen urbanen oder einen suburbanen Wohnstandort.

Insgesamt haben Präferenzen einen wesentlichen Einfluss auf das Mobilitätsverhalten. Allerdings beeinflussen sich Präferenzen und Verhalten wechselseitig, da Präferenzen nicht nur dazu führen ein Verhalten auszuüben, sondern auch als Folge von Erfahrungen und Verhalten ausgebildet und gefestigt werden (Dobson et al. 1978, Tardiff 1977). Beispielsweise stellt Bohte (2010: 102) anhand von Querschnittsdaten aus den Niederlanden fest, dass Mobilitätsverhalten und räumliche Charakteristika einen größeren Einfluss auf mobilitätsbezogene Präferenzen haben als umgekehrt. Somit handelt es sich um komplexe Wechselwirkungen zwischen Präferenzen, Wohnstandortwahl und Mobilitätsverhalten.

3.4 Phasen der Wohnmobilität

Wohnstandortverlagerungen sind mit komplexen Entscheidungsprozessen verbunden und hängen von externen Rahmenbedingungen, wie etwa dem Wohnungsmarkt, sowie von individuellen Möglichkeiten (Einkommen, Kompromisse mit weiteren Haushaltsmitgliedern etc.) ab. Somit stellt sich die Frage, inwiefern individuelle Präferenzen bei der Wohnstandortwahl berücksichtigt werden (können).

Nach Brown und Moore (1970: 2ff) findet ein Wohnstandortwechsel in zwei Phasen statt. In der ersten Phase wägt der Haushalt ab, ob ein Fortzug notwendig ist oder ob alternative Veränderungen die aktuelle Wohnsituation verbessern können. Sofern sich der Haushalt für einen Umzug entschieden hat, folgt in der zweiten Phase die Wohnungssuche. In der Realität sind die Phasen des Abwägungs-, Such- und Entscheidungsprozesses oftmals miteinander verwoben und lassen sich nicht trennscharf in eine zeitliche Abfolge bringen (Brown/ Moore 1970: 4).

3.4.1 Anlass des Umzugs

Umzüge stehen häufig in Verbindung mit biographischen Umbruchsphasen. Interregionale Wanderungen lassen sich überwiegend auf berufs- und ausbildungsbezogene Motive zurückführen, wohingegen intraregionale Wohnstandortwechsel von lebensphasenabhängigen Ereignissen dominiert werden. In Bezug auf intraregionale bzw. innerstädtische Umzüge führt Rossi (1980: 25) die Ursache eines Umzugs auf veränderte Wohnbedürfnisse zurück, die durch Umbrüche im Lebenszyklus zustande kommen: Den Mittelpunkt des Lebenszyklusmodells bildet die klassische Kernfamilie, deren Haushaltsgröße und -zusammensetzung im Verlauf der Jahre variiert. Da jede Lebensphase spezifische Anforderungen an die Wohnung, die Lage der Wohnung und das Wohnumfeld mit sich bringt, verändern sich dementsprechend auch die Wohnbedürfnisse beim Übergang in eine neue Lebensphase (Kemper 1985: 183). Weil neben die Lebensform der klassischen Kernfamilie zunehmend andere Lebensformen treten, kann man das Lebenszyklusmodell dahingehend erweitern, dass weitere Lebensentwürfe integriert und die strikte Abfolge der definierten Lebensphasen aufgelöst werden. Die Kernaussage, dass sich durch den Eintritt in eine neue Lebensphase auch die Wohnbedürfnisse verändern können, bleibt dabei bestehen (Flade 2006: 72f).

Anhand des Konzepts der *place utility* verdeutlicht Wolpert (1965), wie veränderte Wohnbedürfnisse einen Wohnstandortwechsel auslösen können. Demnach misst jede Person ihrem Wohnstandort einen individuellen Nutzenwert bei, der sich aus der Wahrnehmung verschiedener Teilbereiche des Wohnstandortes zusammensetzt (z.B. Wohnungsgröße, Preis, Wohnumfeld). Diesen Wert bezeichnet Wolpert als *place utility* und setzt ihn mit dem individuellen Anspruchsniveau (*aspiration level*) in Beziehung. Entspricht die *place utility* nicht (mehr) den Ansprüchen, mündet dies in Unzufriedenheit und löst den Bedarf nach einer

Veränderung aus (Kalter 2000: 455). Brown und Moore (1970: 2f) greifen den Ansatz von Wolpert auf und unterscheiden drei daraus abgeleitete Handlungsalternativen: Der Haushalt kann entweder seine Ansprüche der neuen Situation am aktuellen Wohnstandort anpassen (1), der Haushalt kann die aktuelle Wohnsituation so umgestalten, dass sie zu seinen veränderten Bedürfnissen passt (2) oder der Haushalt sucht sich einen neuen Wohnstandort (3). Damit weisen Brown und Moore darauf hin, dass trotz einer Unzufriedenheit am Wohnstandort alternative Lösungen zu einem Umzug bestehen und diese für den Haushalt teilweise einen größeren Nutzen haben können. Dies ist der Fall, wenn die Transaktionskosten für einen Umzug als zu hoch eingeschätzt werden. Hierzu zählen finanzielle, zeitliche und psychische Kosten. Letztere entstehen etwa durch die Auflösung sozialer Bindungen und das Eingewöhnen am neuen Wohnstandort (Münter 2011: 203).

3.4.2 Wohnstandortwahl

Entscheidet sich der Haushalt für einen Umzug, schließt sich im Folgenden der Such- und Entscheidungsprozess für einen neuen Wohnstandort an. Hierbei streben Individuen nicht unbedingt nach der besten aller Alternativen, sondern nehmen mit einem zufriedenstellenden Wohnstandort vorlieb. Somit wird in diesem Zusammenhang von *satisficing statt optimizing* gesprochen (Simon 1956: 129, 136; Kalter 2000: 456). Individuelle Präferenzen werden insofern nicht vollständig realisiert, vielmehr wird durch die Priorisierung individueller Bedürfnisse ein zufriedenstellendes Ergebnis angestrebt.

Präferenzen bei der Wohnstandortwahl

Präferenzen werden als konkrete Ausrichtung von übergeordneten Zielen angesehen und können sich auch im Laufe des Lebens verändern (Clark/ Dieleman 1996). Als Folge der Pluralisierung und Ausdifferenzierung von Lebensformen haben sich auch die Wohnverhältnisse und Wohnbedürfnisse vervielfältigt (Beck 1986: 208). Differenzierte Lebensformen werden zum Teil über Wohnstandortpräferenzen und Lebensstile zum Ausdruck gebracht, die unabhängig von Lebensphasen und biographischen Umbrüchen in Erscheinung treten (Kühl 2014: 27, Schneider/ Spellerberg 1999).

Lee (1966: 50) bezeichnet die räumlichen Merkmale des Zielgebiets (z.B. Gebäudetypen, Infrastruktur) als standortbezogene Pull-Faktoren, die Personen zu einem Zuzug in ein bestimmtes Gebiet veranlassen. Dabei wägen Haushalte bei der Wohnstandortentscheidung Kriterien der Wohnung, des Wohnumfelds und der Erreichbarkeiten gegeneinander ab (Lee/ Waddel 2010: 591). Abhängig von der individuellen Präferenz und Wahrnehmung wirken sich die Standorteigenschaften unterschiedlich auf die Umzügler aus. „In this connection, we must note that it is not so much the actual factors at origin and destination as the perception of these factors which results in migration." (Lee 1966: 51) Obwohl strukturelle Gegebenheiten für jede wandernde Person eine andere Wirkung haben und zudem unterschiedlich wahrgenommen werden, lassen sich Gruppen mit ähnlichen Präferenzen identifizieren (Lee 1966: 50).

Wie zu erwarten, unterscheiden sich die Bewohner unterschiedlicher Siedlungsstrukturen auch im Hinblick auf ihre Wohnstandortpräferenzen. So zeigt sich etwa, dass Bewohner von suburbanen Gebieten bei ihrer Wohnstandortsuche besonderen Wert auf eine ruhige und sichere Umgebung im Grünen gelegt haben (z.B. Kühl 2014: 32, Dittrich-Wesbuer 2010: 162). Häufig bevorzugen die Bewohner suburbaner Gebiete auch die Erreichbarkeit mit dem Pkw bzw. die Ausstattung mit Pkw-Stellplätzen (Bauer/ Holz-Rau/ Scheiner 2005: 274). Personen, die in zentral gelegene Wohngebiete gezogen sind, haben hingegen mehr Wert auf Erreichbarkeiten des ÖPNV und Nutzungsmischung gelegt als Bewohner suburbaner Gebiete (z.B. Dittrich-Wesbuer 2010: 162).

Zudem lässt sich in Umzugsstudien die Bedeutung lebenszyklischer Phasen für die Ausrichtung von Wohnstandortpräferenzen bestätigen. Paare mit Kindern achten bei der Wohnstandortwahl auf ein kindgerechtes Umfeld und Betreuungseinrichtungen (Kühl 2014: 34; Dittrich-Wesbuer 2010: 162). Alleinerziehenden sind diese Kriterien ebenfalls wichtig, zusätzlich schenken sie sozialen Kontakten im Wohnumfeld mehr Beachtung. Paarhaushalte ohne Kinder und Alleinlebende achten insbesondere auf ein attraktives Umfeld und gute Erreichbarkeiten, wobei das Anspruchsniveau von Alleinlebenden aufgrund einer erhöhten Kostensensibilität geringer ist (Kühl 2014: 34).

Welche Bedeutung Mobilitätspräferenzen im Abwägungsprozess im Vergleich zur Wohnung und zum Wohnumfeld haben, ist nicht abschließend geklärt. Molin und Timmermans (2003: 5) kommen bei dem Vergleich mehrerer Fallstudien zu dem Ergebnis, dass Mobilitätspräferenzen die Wohnstandortwahl zwar beeinflussen, aber einen deutlich geringeren Einfluss haben als die Ausstattung der Wohnung oder des Wohnumfelds (siehe auch Weisbrod/ Ben-Akiva/ Lerman 1980). Die Bedeutung von mobilitätsbezogenen Kriterien sinkt zudem, wenn die Haushalte über vielfältige Mobilitätsressourcen verfügen. Insbesondere wenn die Personen über einen Pkw verfügen, scheinen mobilitätsbezogene Kriterien bei der Wohnstandortwahl in den Hintergrund zu rücken (Blijie 2005). Aufgrund des flächendeckend ausgebauten Straßennetzes ist es dann nicht notwendig, Pkw-affine Präferenzen bei der Wohnstandortwahl explizit zu berücksichtigen (Van Wee/ Holwerda/ Van Baren 2002: 310). Allerdings wird hierbei vernachlässigt, dass weitere Faktoren, wie etwa die Parkplatzsuche, ebenfalls die Pkw-Nutzung beeinflussen. Werden mobilitätsbezogene Kriterien nicht (ausreichend) in die Wohnstandortentscheidung einbezogen, kann es nach dem Umzug zu Einschränkungen und entsprechenden Anpassungen kommen. Vor allem bei Stadt-Umland-Wanderungen unterschätzen Haushalte häufig die Konsequenzen für die Alltagsmobilität oder beziehen die Mobilitätserfordernisse und Kosten, wie etwa die Anschaffung eines Zweit-Pkws oder der zusätzliche Aufwand für die Begleitung von Kindern nicht ausreichend in die Wohnstandortwahl ein (BMVBS/ BBR 2007: 112, Bauer/ Holz-Rau/ Scheiner 2005: 277). Die Nachteile eines schlecht angebundenen Wohnumfelds werden dann meist erst nach dem Umzug bewusst wahrgenommen, da der Alltag aufgrund der veränderten räumlichen Rahmenbedingungen anders organisiert werden muss.

Andere Untersuchungen gehen davon aus, dass Mobilitätspräferenzen eine wesentliche Rolle bei der Wohnstandortwahl spielen (Kühl 2014: 32, Tillema/ Van Wee/ Ettema 2010, Fuchte 2006, Van Wee/ Holwerda/ Van Baren 2002). Insbesondere Personen mit einer Präferenz für die Nutzung des öffentlichen Nahverkehrs sind auf gute Erreichbarkeiten zu den ÖPNV-Haltestellen angewiesen und damit in ihrer Wohnstandortwahl stärker begrenzt (Fuchte 2006, Van Wee/ Holwerda/ Van Baren 2002: 310). Fuchte (2006: 109f) kommt anhand von Interviews mit Umzüglern im Raum Dresden zu dem Ergebnis, dass über mobilitätsbezogene Kriterien häufig eine Vorauswahl an potenziellen Wohnstandorten getroffen wird. Besonders deutlich wird dies bei Personen ohne Pkw, da sie nur Standorte in Betracht ziehen, die eine gute Erreichbarkeit des ÖPNV gewährleisten. Dies erklärt, warum Kriterien der Wohnung und des Wohnumfelds oftmals bei der konkreten Entscheidung für einen Wohnstandort in den Vordergrund treten, da mobilitätsbezogene Kriterien bereits in die Auswahl potenzieller Standorte einbezogen wurden (Fuchte 2006: 63).

Wohnstandortwahl als Kompromiss

Die Wohnstandortentscheidung hängt neben den individuellen Präferenzen oftmals auch von den Wohnwünschen weiterer Haushaltsmitglieder ab. Demnach können die individuellen Präferenzen für einen Wohnstandort von der schließlich getroffenen Haushaltsentscheidung abweichen (z.B. Molin/ Oppewal/ Timmermans 2001, Molin/ Oppewal/ Timmermans 1999). Zudem hängt die Wahl des Wohnstandorts maßgeblich von individuellen verfügbaren Ressourcen (Einkommen, Informationen etc.) und externen Rahmenbedingungen (z.B. Wohnungsmarkt) ab (Clark/ Dieleman, 1996: 137ff). Studien zu Stadt-Umland-Wanderungen zeigen, dass Haushalte oftmals aufgrund limitierender Faktoren des Wohnungsmarktangebots in Innenstädten (z.B. ungeeignete Wohnformen, hohe Preise) einen Wohnstandort im Umland auswählen, aber einen innerstädtischen Wohnstandort bevorzugt hätten (BMVBS/ BBR 2007: 76).

3.5 Zusammenfassung

Das tägliche Mobilitätsverhalten ist in vorgelagerte Entscheidungsebenen eingebettet. Mittel- und längerfristige Entscheidungen, wie etwa die Anschaffung eines Pkws, die Entscheidung für einen Wohnstandort oder die Ausübung von Lebensstilen, geben die Rahmenbedingungen vor, in die sich das Mobilitätsverhalten einfügt (Van Acker/ Van Wee/ Witlox 2010, Salomon/ Ben-Akiva 1983). Wohnstandortentscheidungen kommt in diesem Zusammenhang eine besondere Bedeutung zu. Der Wohnstandort gibt anhand der vorhandenen Siedlungs- und Infrastruktureigenschaften die Rahmenbedingungen für das Mobilitätsverhalten vor. Folglich lassen sich zwischen verschiedenen Siedlungsstrukturen zum Teil deutliche Unterschiede im Mobilitätsverhalten erkennen (z.B. Naess 2012, Ewing/ Cervero 2010, Naess 2003, Meurs/ Haaijer 2001, Cervero/ Kockelman 1997). Inwiefern räumliche Merkmale einen direkten Einfluss auf das Mobilitätsverhalten der Bewohner haben, ist Gegenstand zahlreicher Untersuchungen (z.B. Cao/ Chatman 2015, Boarnet/ Greenwald/ McMillan 2008, Naess 2003, Kitamura/ Mokhtarian/ Laidet 1997). Ein einheitliches Fazit bleibt allerdings aus. Einige Studien weisen für einzelne räumliche Merkmale einen Einfluss auf das Mobilitätsverhalten nach. Auch wenn der Einfluss je nach Untersuchung unterschiedlich stark ausfällt, lässt sich insgesamt festhalten, dass bestimmte räumliche Merkmale, wie Nutzungsmischung, kompakte Siedlungsstrukturen, gute Erreichbarkeiten und eine hohe Aufenthaltsqualität die Nutzung nichtmotorisierter und öffentlicher Verkehrsmittel fördern (Aditjandra/ Cao/ Mulley 2016, Parady et al. 2014, Guo 2013, Cao/ Handy/ Mokhtarian 2009). Insgesamt scheint dabei die subjektive Wahrnehmung dieser räumlichen Merkmale von größerer Bedeutung für die Erklärung des Mobilitätsverhaltens zu sein als die objektiven physisch-baulichen Eigenschaften (Cao/ Handy/ Mokhtarian 2006).

Allerdings muss die Diskussion um die Zusammenhänge zwischen Mobilitätsverhalten und Raumstruktureffekten vor dem Hintergrund einer selektiven Wohnstandortwahl betrachtet werden. Demnach wählen Personen anhand soziodemographischer Merkmale und individueller Präferenzen Wohnstandorte aus, die es ermöglichen ihr präferiertes Mobilitätsverhalten umzusetzen (Cao/ Chatman 2015, Mokhtarian/ Cao 2008, Molin/ Timmermans 2003, Bagley/ Mokhtarian 1999). Somit hat die selektive Wohnstandortwahl als Ausdruck von Präferenzen im Vergleich zu räumlichen Merkmalen einen ähnlich starken oder einen stärkeren Einfluss (z.B. Cao/ Handy/ Mokhtarian 2009, Boarnet/ Greenwald/ McMillan 2008, Boarnet/ Greenwald/ McMillan 2008: 346, Cao/ Handy/

Mokhtarian 2006,Van Wee/ Holwerda/ Van Baren 2002, Kitamura/ Mokhtarian/ Laidet 1997). Dieser Zusammenhang wird insbesondere auch dann sichtbar, wenn eine Diskrepanz zwischen dem präferierten und dem tatsächlichen Wohnstandort vorliegt (Cao 2015, Cho/ Rodriguez 2014, Kamruzzaman et al. 2013, De Vos et al. 2012, Jarass 2012, Schwanen/ Mokhtarian 2005, Schwanen/ Mokhtarian 2005a).

Da die Wahl des Wohnstandorts von verfügbaren Ressourcen, externen Rahmenbedingungen sowie häufig auch von Bedürfnissen anderer Haushaltsmitglieder abhängt, können individuelle Wohnstandortpräferenzen allerdings selten vollständig realisiert werden. Dabei werden mobilitätsbezogene Kriterien bei der Abwägung verschiedener Anforderungen an den Wohnstandort vernachlässigt, sodass sich der Haushalt nach dem Umzug an die gegebenen Mobilitätserfordernisse anpassen muss (z.B. Molin/ Timmermans 2003, Weisbrod/ Ben-Akiva/ Lerman 1980). Teilweise zeigt sich aber auch, dass über mobilitätsbezogene Kriterien häufig eine Vorauswahl an potenziellen Wohnstandorten getroffen wird. Erst dann werden Merkmale der Wohnung und des Wohnumfelds für die konkrete Standortentscheidung herangezogen (Kühl 2014: 32, Tillema/ Van Wee/ Ettema 2010, Van Wee/ Holwerda/ Van Baren 2002, Fuchte 2006).

4 Charakterisierung des Untersuchungsgebiets

Für die Untersuchung der vorliegenden Fragestellung wurde das Neubaugebiet am Alten Schlachthof in Berlin aufgrund der innerstädtischen Lage und der Einbettung in die bestehende Siedlungs- und Verkehrsinfrastruktur ausgewählt. Da das Gebiet innerhalb der letzten Jahre entwickelt wurde, hat der Wohnstandortwechsel der Bewohner erst kurz vor der empirischen Untersuchung stattgefunden. Durch die bereits vorhandene verkehrliche Erschließung konnten die Bewohner das Mobilitätsangebot vor Ort abschätzen und ihre Mobilitätspräferenzen bei der Wohnstandortentscheidung berücksichtigen. Dies ist bei randstädtischen Neubauvorhaben nicht immer der Fall, da die Verkehrsinfrastruktur häufig erst nach dem Wohnungsbau fertiggestellt wird. Weiterhin zeichnet sich der Alte Schlachthof – trotz der ansonsten homogenen Siedlungsstruktur – durch unterschiedliche Gebäudetypen (Reihenhäuser und Mehrfamilienhäuser) aus, die einen selektiven Zuzug verschiedener Bevölkerungsgruppen vermuten lassen. Um das Untersuchungsgebiet in den Kontext innerstädtischer Neubaugebiete einordnen zu können, ist es hilfreich einen näheren Blick auf die Lage des Gebiets, seine städtebauliche Entwicklung und die dort vorzufindende Baustruktur zu werfen.

4.1 Lage und Erreichbarkeiten

Der Alte Schlachthof liegt im östlichen Teil der Innenstadt im Bezirk Pankow und hat eine Größe von etwa 58 Hektar (Abbildung 4). Im Norden wird das Gebiet von der Landsberger Allee und östlich von den S-Bahngleisen begrenzt. Jenseits der S-Bahngleise beginnt der Bezirk Lichtenberg mit einer durch Großwohnsiedlungen und Punkthochhäuser geprägten Baustruktur. In südlicher und westlicher Richtung öffnet sich das Untersuchungsgebiet zu einem Altbaugebiet mit geschlossener Blockbebauung, das zum Bezirk Friedrichshain-Kreuzberg gehört. Hier sind viele Cafés, Restaurants und Geschäfte angesiedelt. Das Untersuchungsgebiet fügt sich damit in eine bestehende innerstädtische Stadtstruktur ein und profitiert von den vorhandenen Versorgungs- und Freizeitmöglichkeiten sowie von der Verkehrsinfrastruktur. Durch die Nähe zu den zwei S-Bahnhöfen Storkower Straße und Landsberger Allee, kann die S-Bahn innerhalb von maximal zehn Gehminuten erreicht werden. Weitere Bus- und Tramhaltestellen befinden sich entlang der größeren Straßen, die das Gebiet säumen; allerdings sind hier die Taktzeiten geringer als bei der S-Bahn. Insgesamt ist das Gebiet mit vier S-Bahn- und fünf Tramlinien sowie mit einer Buslinie erreichbar. In einer Entfernung von etwa einem Kilometer befindet sich zudem die nächste U-Bahn-Station (Frankfurter Tor), die mit der Tram erreichbar ist.

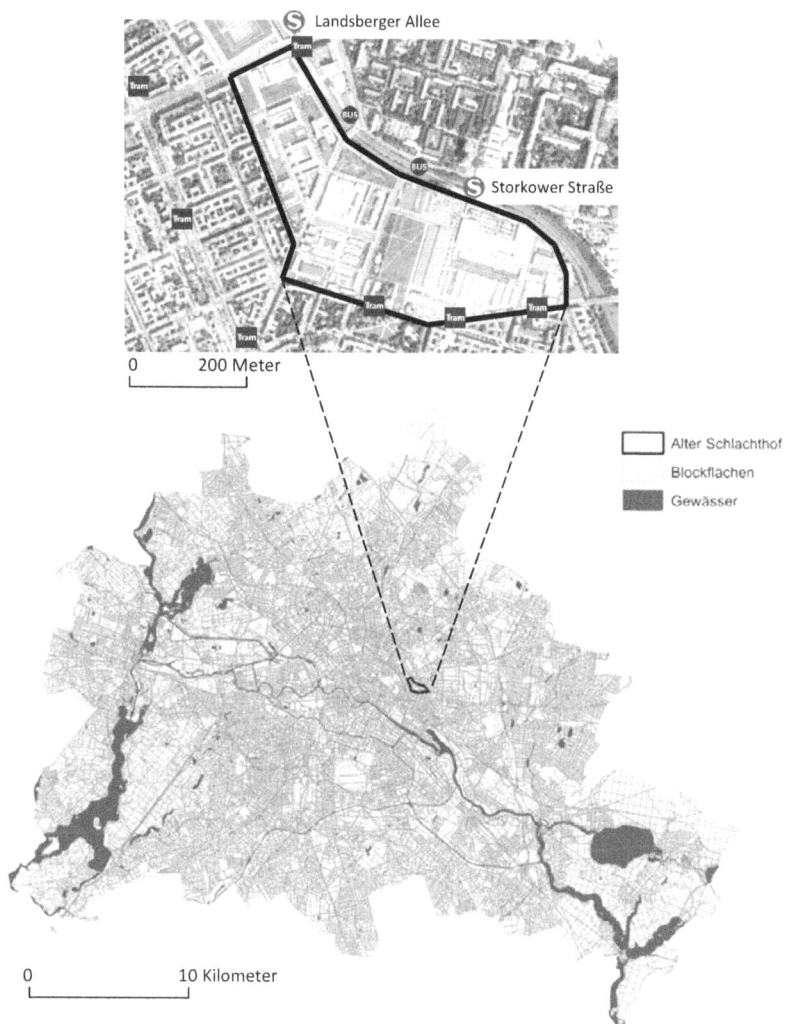

Abbildung 4: Lage und Erreichbarkeiten des Untersuchungsgebiets Alter Schlachthof. (Quelle: Eigene Darstellung, Daten: Amt für Statistik Berlin-Brandenburg 2006, Google Maps 2014)

4.2 Städtebauliche Entwicklung

Die Bezeichnung des Untersuchungsgebiets geht auf die Nutzung im 19. Jahrhundert zurück, als ein städtischer Schlachtbetrieb auf der damals noch am Stadtrand gelegenen Fläche errichtet wurde. Nach dem Zweiten Weltkrieg waren große Teile des Gebiets brach gefallen oder wurden als Lagerstätte genutzt (Sen-Stadt 2007: 10). Im Jahr 1993 entschied der Berliner Senat die bisher fehl- bzw. ungenutzte Fläche als neues Stadtquartier zu entwickeln und in die umliegenden Wohngebiete einzufügen (SenStadt 2007a: 1). Da nach der Wiedervereinigung ein hohes Bevölkerungswachstum für Berlin erwartet wurde, nutzte der Senat das Instrument der städtebaulichen Entwicklungsmaßnahme, das eine besonders zügige Aktivierung von brach gefallenen oder fehlgenutzten Flächen erlaubt und legte den Alten Schlachthof als Entwicklungsbereich fest (SenStadt 2007: 7). Um dem für Berlin prognostizierten Bevölkerungswachstum gerecht zu werden, sahen die Planungen auf dem Gelände des Alten Schlachthofs die Entwicklung eines neuen Stadtquartiers mit Wohnungen, Einzelhandel und Büros „in hoher innerstädtischer Nutzungsmischung und Dichte" vor (SenStadt 2007a: 1). Der Bedarf an verdichtetem Wohnraum wurde aus den damaligen Bevölkerungsprognosen abgeleitet, die auf den steigenden Bevölkerungszahlen bis 1993 beruhten (Abbildung 5).

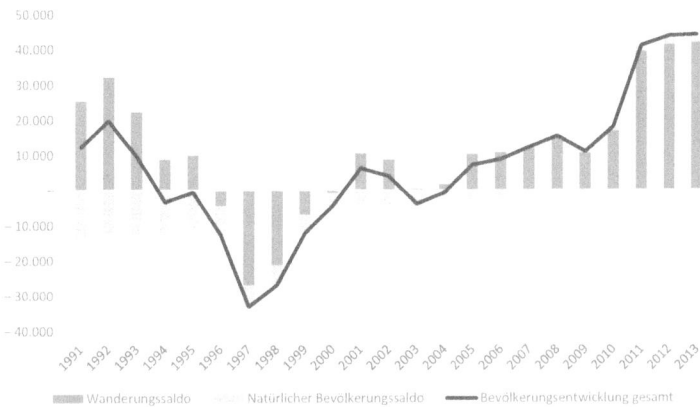

Abbildung 5: Wanderungsbedingte und natürliche Bevölkerungsentwicklung in Berlin von 1991 – 2013. (Quelle: Eigene Darstellung, Daten: Amt für Statistik Berlin-Brandenburg 2014/ 2014a)

Tatsächlich verzeichneten die Bevölkerungszahlen dann jedoch bis zum Jahr 2000 starke Verluste, woraufhin die Planungen angepasst wurden und weniger

Dichte vorgesehen war. Der zu dieser Zeit vergleichsweise entspannte Wohnungsmarkt führte auch dazu, dass nur wenige Investoren an der Entwicklung des Gebiets interessiert waren und die Senatsverwaltung somit weniger Einfluss auf die architektonische Gestaltung nehmen konnte. Dies wird im Interview mit Frau Hopfer von der Senatsverwaltung für Stadtentwicklung deutlich, die zu dieser Zeit das Projekt am Alten Schlachthof betreute: „Das Problem ist, wenn Sie jetzt viele Interessenten für ein Grundstück haben, dann suchen Sie sich den aus mit der besten Architektur, Bebauung. Haben Sie nur einen, dann wird's oft ein Kompromiss." (Frau Hopfer, Senatsverwaltung für Stadtentwicklung, 2012). Obwohl beispielsweise der Verkauf der Grundstücke an Baugruppen erwünscht war, wurde nur ein Grundstück von einer Baugruppe erworben. „Die Idee war, mehr Baugruppen reinzukriegen, aber das funktionierte nicht." (Interview Frau Hopfer, Senatsverwaltung für Stadtentwicklung, 2012). Nach 14-jähriger Entwicklungszeit wurde das Entwicklungsrecht Ende 2007 für das neue Stadtgebiet aufgehoben, weil die Ziele der Stadtentwicklung planungsrechtlich gesichert waren (SenStadt 2007a: 1). Im Jahr 2002 sind die ersten amtlich registrierten Bewohner an den Alten Schlachthof gezogen, wobei die Bautätigkeiten bis heute andauern.

Hinsichtlich alternativer Mobilitätskonzepte wurde in den 1990ern diskutiert, ein autofreies Gebiet zu schaffen. Verschiedene Möglichkeiten wurden in Erwägung gezogen, wie etwa ein Wohngebiet für Haushalte ohne eigenen Pkw zu schaffen oder einen kleinen Teil am Rand des Gebiets als Parkfläche zu entwickeln, allerdings wären die Ideen sowohl juristisch als auch gesellschaftlich nicht einfach umsetzbar gewesen. „Hätte man sich da ganz stark gemacht und alle wollen nur autofreies Wohnen, vielleicht wäre die Diskussion erfolgreich gewesen." (Interview Frau Hopfer, Senatsverwaltung für Stadtentwicklung, 2012). Letztendlich wurde das Konzept jedoch nicht umgesetzt und auch weitere Maßnahmen zur Reduzierung des motorisierten Individualverkehrs wurden nicht in die Entwicklung integriert. Heute ist das Gebiet vollständig mit privaten und öffentlichen Parkplätzen ausgestattet (Jarass/ Heinrichs 2014).

4.3 Nutzungen und Gebäudetypen

Der Alte Schlachthof zeichnet sich durch eine aufgelockerte Wohnbebauung mit Grünflächen und Parks aus. In geringem Umfang entstanden auch Flächen für Dienstleistungen und gewerbliche Nutzungen. Weiterhin befinden sich am S-Bahnhof Storkower Straße sowie an der Eldenaer Straße einige Geschäfte für den kurz- und mittelfristigen Bedarf (Supermarkt, Drogerie, Apotheke, Baumarkt, Fahrradcenter etc.). Der durch den Bau der Wohnungen entstandene Bedarf an sozialer Infrastruktur (Kita, Grundschulplätze, öffentliches Grün) wurde

zum Teil auf der Fläche des Alten Schlachthofs realisiert; weitere Grundschulplätze wurden an der bestehenden Schule im Nachbarbezirk Friedrichshain-
Kreuzberg aufgestockt. Anhand der Gebäudetypen lässt sich der Alte Schlachthof
in zwei Bereiche untergliedern. Der südliche Teil ist durch eine Reihenhausstruk-
tur gekennzeichnet, wohingegen im nördlichen Teil Mehrfamilienhäuser gebaut
wurden (Abbildung 6).

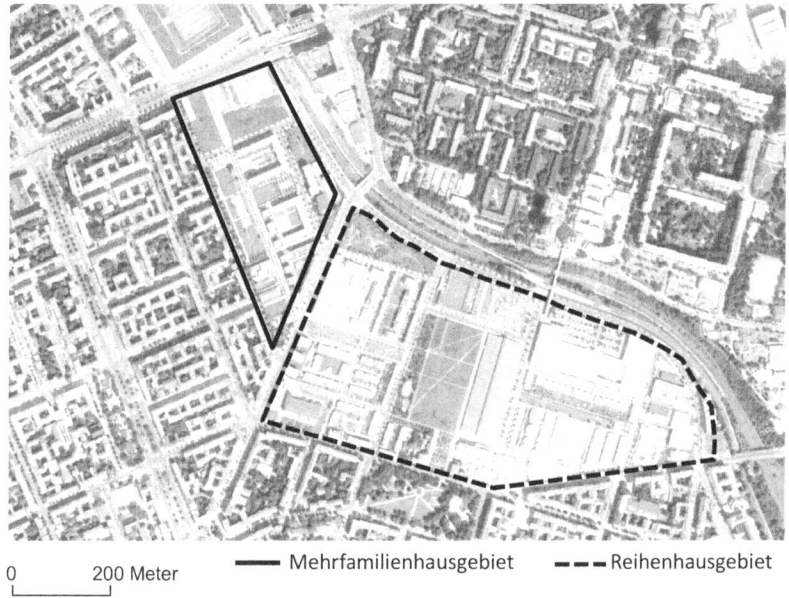

0   200 Meter   ━━━ Mehrfamilienhausgebiet   ━ ━ ━ Reihenhausgebiet

Abbildung 6: Reihen- und Mehrfamilienhäuser im Untersuchungsgebiet am Alten Schlachthof.
(Quelle: Eigene Darstellung, Kartengrundlage: Google Maps 2014)

Die Reihenhäuser sind zwei- bis vier-geschossig und verfügen über einen Garten
und einen Pkw-Stellplatz bzw. eine Garage (Abbildung 7). Einige haben zusätzlich zum Garten eine Dachterrasse. Weiterhin gibt es zwei Mehrfamilienhäuser
mit bis zu sechs Parteien und drei Passivhäuser einer Baugruppe mit ebenfalls
jeweils sechs Parteien; auch hier grenzt ein großzügiger Gemeinschaftsgarten an.
Der Großteil der Gebäude im Reihenhausgebiet wurde als Eigentum erworben.

Abbildung 7: Gebäudetypen im Reihenhausgebiet am Alten Schlachthof. (Quelle: Eigene Fotos 2013)

Die Thaerstraße trennt das Reihenhausgebiet vom nördlichen Gebietsteil ab, das durch Mehrfamilienhäuser mit bis zu sechs Geschossen gekennzeichnet ist (Abbildung 8). Auch hier ist die Baustruktur aufgelockert, da im Innern der Hausblöcke Grünflächen angelegt wurden. Neben den Neubauten gibt es ein saniertes unter Denkmalschutz stehendes Gebäude einer ehemaligen Lederfabrik, das mit höherpreisigen Loftwohnungen ausgestattet ist. Die Gebäude bieten unterschiedliche Wohnungsgrößen und -ausstattungen sowie Pkw-Stellplätze oder Tiefgaragen. Auf einem der Gebäude befindet sich zudem eine gemeinschaftliche Dachterrasse. Insgesamt überwiegt hier der Anteil an Mietwohnungen.

Abbildung 8: Gebäudetypen im Mehrfamilienhausgebiet am Alten Schlachthof. (Quelle: Eigene Fotos 2013)

5 Methodische Vorgehensweise und empirische Datengrundlage

Um die vorliegende Fragestellung zu analysieren, wird ein zweistufiges Untersuchungsdesign aus qualitativen und quantitativen Methoden gewählt (Abbildung 9). In einem ersten Schritt werden explorative Interviews mit den Bewohnern am Alten Schlachthof geführt, um den Prozess der Wohnmobilität und die Bedeutung für das Mobilitätsverhalten zu untersuchen. Zusammen mit den Erkenntnissen aus der Literaturrecherche dienen die Ergebnisse der Interviews anschließend der Erstellung eines Fragebogens für eine standardisierte Bewohnerbefragung, die das zentrale Element der empirischen Untersuchung darstellt. Die erhobenen Daten werden in drei Untersuchungsschritten ausgewertet: Zunächst werden deskriptive Analysen durchgeführt, um die Bewohnerstruktur und das Mobilitätsverhalten der Bewohner am Alten Schlachthof zu charakterisieren. Hierzu werden die Ergebnisse in den gesamtstädtischen Kontext Berlins eingeordnet, indem die erhobenen Daten mit dem Sekundärdatensatz ‚Mobilität in Städten – SrV 2008' verglichen werden. In einem zweiten Schritt wird eine Clusteranalyse mit einer vorgeschalteten Hauptkomponentenanalyse durchgeführt, um die Bewohner anhand ihrer Wohnstandortpräferenzen zu gruppieren. Die identifizierten Bewohnergruppen werden anschließend anhand soziodomgraphischer Eigenschaften beschrieben und miteinander verglichen. Darauf aufbauend wird untersucht, inwiefern sich die Verkehrsmittelnutzung zwischen den identifizierten Bewohnergruppen unterscheidet. Abschließend fließen die Ergebnisse der Clusteranalyse in multiple Regressionsanalysen ein, um zu prüfen, ob und inwiefern sich die Verkehrsmittelnutzung der Bewohner neben weiteren Einflussfaktoren über die Einteilung der identifizierten Cluster erklären lässt.

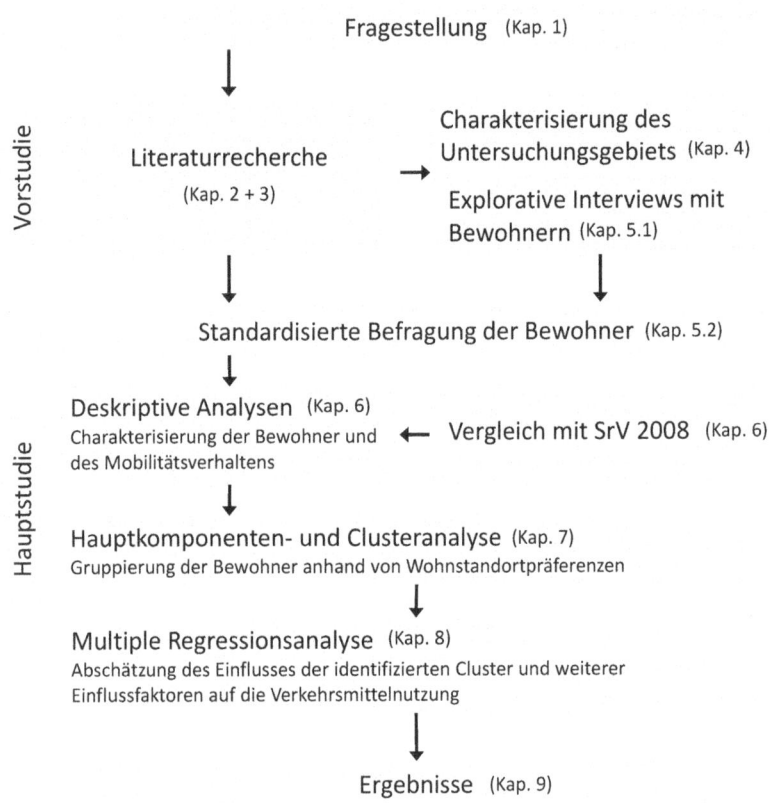

Abbildung 9: Methodische Vorgehensweise der Untersuchung. (Quelle: Eigene Darstellung)

5.1 Explorative Interviews

Mithilfe der explorativen Interviews werden weitere relevante Themenbereiche für die standardisierte Bewohnerbefragung identifiziert. Die Interviews eignen sich insbesondere dazu, die Motive und Hintergründe der Wohnmobilität zu erfassen, da – im Gegensatz zu einem standardisierten Fragebogen – die Interviewpartner ohne festgelegte Kategorien vom Entscheidungsprozess des Umzugs und der Wahl des Wohnstandortes erzählen können. Im explorativen Interview sprechen die Gesprächspartner die Themen an, die ihnen persönlich als mitteilungswürdig erscheinen, wodurch eine tiefergehende Betrachtung möglich ist,

bei der die subjektive Sicht der Betroffenen in den Mittelpunkt gerückt wird
(Honer 1994: 624f). Dadurch können bislang nicht beachtete Sachverhalte zum
Vorschein treten und für die Konzeption des standardisierten Fragebogens genutzt werden. Die Interviews wurden als quasi-normales Gespräch geführt, damit
die Gesprächspartner möglichst ungezwungen von ihren Erfahrungen des Umzugs und der Wohnstandortentscheidung berichten können. Nach Honer (1994:
630) besteht der „Zweck des quasi-normalen Gesprächs […] unter anderem darin, „natürliche" Interaktionsbarrieren, wie sie zwischen Fremden grundsätzlich
üblich sind, abzubauen und so die […] nach wie vor relativ außergewöhnliche
Kommunikationssituation des Interviews zu veralltäglichen." Dennoch ist das
quasi-normale Gespräch kein wirklich normales Gespräch, weil das Interesse der
Interviewenden auf bestimmte Informationen ausgerichtet ist. Um die Ge-
sprächssituation möglichst offen zu gestalten, wurde zu Beginn des Gesprächs
das Forschungsinteresse erläutert; während des Gesprächs wurden Anmerkungen
gemacht oder Fragen gestellt, um das Gespräch fortzuführen oder in eine andere
Richtung zu lenken. Hierfür wurden jedoch keine vorformulierten Fragen genutzt
(Mayring 2002: 66), sondern die folgenden Themenfelder definiert, die bei Bedarf in das Gespräch eingebunden wurden (Kromrey 2000: 364):

–   Anlass des Umzugs
–   Wohnstandortsuche und -entscheidung
–   Wohnzufriedenheit
–   Alltagsmobilität

Die Interviews wurden von Mai bis Juni 2012 geführt. Um die Bewohner des
Gebiets für ein Interview zu gewinnen, wurden zum einen Mitglieder der Baugruppe über den Internetauftritt (www.passivhaus-prenzlauer-berg.de) kontaktiert. Zum anderen wurden Bewohner direkt vor Ort gefragt, ob sie Interesse an
einem Interview haben. Insgesamt konnten sieben Personen für Gespräche gewonnen werden, die zu Hause bei den Interviewpartnern stattfanden; ein Gespräch wurde in einem Café in der Nähe des Untersuchungsgebiets geführt. Die
Länge der Interviews variierte zwischen 20 Minuten und 1,5 Stunden. Die aufge-
zeichneten Interviews wurden transkribiert und nach thematischen Blöcken un-
tergliedert (Mayring 2002: 89). Durch die Erkenntnisse aus den Interviews konnte der Fragebogen erweitert werden. Hier sind die folgenden zwei Themenblöcke
zu nennen, die in besonderem Maß in die Ausarbeitung des Fragebogens einge-
flossen sind.

Besonderheiten des innerstädtischen Reihenhauses

In den Interviews zeigt sich, dass das innerstädtische Reihenhaus besondere Vorteile für Familien mit kleinen Kindern bietet, um den Alltag zu organisieren. Für einige Interviewpartner war insbesondere die Ausstattung mit einem eigenen Garten ein zentraler Grund für den Zuzug an den Alten Schlachthof, da hierdurch die Kinder eigenständig spielen können und die Kinderbetreuung erleichtert wird. Exemplarisch weist ein Interviewpartner daraufhin, dass das Wohnen in einem Haus mit Garten den Bedürfnissen der Kinder sowie der Eltern gerecht wird und die ohnehin komplexe Alltagsorganisation erleichtert: „Und na ja, das Haus ist so für diesen Kinderlebensstil wie gemacht. Im Sommer macht man die Terrassentür auf, die springen raus und vergnügen sich im Garten […]. Hier hinten ist ein Zaun, vorne können sie auch nicht auf die Straße laufen und das heißt man kann hier sitzen und kann die auch mal unbeaufsichtigt lassen. Also muss ich nicht am Sonntagmorgen um halb acht auf irgendeinem doofen Spielplatz sitzen, mit Kaffee in der Hand im Halbschlaf […].“ (Interview A. 2012) Gleichzeitig wird der private Garten mit höherer Sicherheit für die Kinder verbunden: „Und das ist auch der Vorteil draußen im Garten, wenn die Kinder spielen […] man kennt eigentlich so gut wie jeden, jeder Fremde im Garten fällt auf und dann guckt man sofort, bei wem ist der zu Besuch, weil das ist ja auch der Vorteil, man hat diesen privaten Garten, um den man sich zwar nicht selber ständig kümmern muss, aber man ist letztendlich so sicher, dass man kleinere Kinder auch nach draußen lassen kann.“ (Interview B. 2012) Um diese spezifischen Wohnstandortkriterien im Fragebogen abzubilden, wurden daher die Merkmale ‚ein Haus für sich haben‘ und ‚eigener Garten‘ in die Liste der Anforderungen an den Wohnstandort aufgenommen (siehe Anhang 2, Frage 1.7). Weiterhin wurde in den Interviews deutlich, dass Familien mit kleinen Kindern nicht nur die Privatheit eines eigenen Gartens schätzen, sondern gleichzeitig auch an der Gemeinschaft im Wohnumfeld interessiert sind. Auch hier geht es in erster Linie um die Bedürfnisse der Kinder, da sich die Eltern durch eine insgesamt homogene Nachbarschaft erhoffen, dass die Kinder im direkten Wohnumfeld soziale Kontakte aufbauen können: „Hier wohnen halt Leute, die auch Kinder haben. Also hier sind andere Kinder, mit denen die dann aufwachsen.“ (Interview A. 2012) Demnach war die Wohnstandortsuche primär an den Bedürfnissen der Kinder ausgerichtet, sodass die Eltern ihre eigenen Präferenzen zurückstellen. Das wird durch diese Aussage unterstrichen: „Als ich mit meiner Tochter neulich im Prenzlauer Berg war, sagte ich so, guck mal, hier würde ich nämlich eigentlich viel lieber wohnen […] und dann sagte sie, nein, mein Garten und das ist viel zu weit zur Schule! Also die Kinder könnten es hier nicht besser haben" (Interview B. 2012). Einige Interviewpartner geben auch zu bedenken, dass sie ohne Kinder gar nicht an den

Alten Schlachthof gezogen wären, was beispielhaft in diesen Aussagen besonders deutlich wird: „Aber ansonsten, ohne Kinder, hätten wir nicht so ein Ding hier gekauft." (Interview C. 2012) Und: „Also ich würde hier auf keinen Fall ohne Kinder wohnen wollen. Das ist schon alles sehr auf Familie zugeschnitten" (Interview A. 2012). Um diese Einstellungen im Fragebogen erheben zu können, werden die beiden Aussagen ‚Ich finde es gut, wenn die anderen Bewohner im Wohngebiet einen ähnlichen Lebensstil pflegen bzw. in einer ähnlichen Lebensphase sind wie ich‘ und ‚Auch ohne Kinder(-wunsch) wäre ich gerne hier in dieses Wohngebiet gezogen‘ ergänzt (siehe Anhang 2, Frage 2.1). Um darüber hinaus zu erfassen, wie wichtig den Bewohnern die innerstädtische Lage des Reihenhauses ist und ob für sie auch ein suburbaner Wohnstandort in Frage kommen würde, werden im Fragebogen alternative Standorte abgefragt, die sie damals bei der Wohnstandortsuche in Betracht gezogen haben (siehe Anhang 2, Frage 1.7) und ihre Einstellung hinsichtlich der folgenden Aussage einschätzen: ‚Ich möchte gerne irgendwann in einem Einfamilienhaus am Stadtrand/ im Umland oder auf dem Land wohnen‘.

Die Rolle des Pkw bei der Wohnstandortwahl

Obwohl alle Interviewpartner über mindestens ein Auto verfügen, stellt sich in den Interviews heraus, dass sie für ihre täglichen Wege durchaus auf andere Verkehrsmittel zurückgreifen. Bei der Wohnstandortsuche wird zudem deutlich, dass die Interviewpartner besonderen Wert auf die Anbindung an öffentliche Verkehrsmittel und insgesamt kurze Entfernungen zu ihren täglichen Aktivitäten gelegt haben. Die Relevanz dieser mobilitätsbezogenen Wohnstandortpräferenzen wird exemplarisch in der folgenden Aussage deutlich: „[…] was uns wichtig war, waren fußläufige Einkaufsmöglichkeiten. Und na ja, wir sind zwar jetzt noch keine Oldies, aber man wird ja nicht jünger. Also was weiß ich, dass ich mal zum Arzt kann ohne jedes Mal ins Auto steigen zu müssen. Ich wollte nicht alles mit dem Auto machen und hier kann ich mit dem Fahrrad zum Alex[anderplatz] fahren und das ist halt einfach super." (Interview D. 2012) Die guten Erreichbarkeiten eines innerstädtischen Wohnstandortes waren für die meisten Interviewpartner relevante Kriterien, gleichzeitig schätzen einige den Pkw als Annehmlichkeit, was durch diese Aussage unterstrichen wird: „Ja, wir haben ein Auto, aber das ist letztendlich einfach so ne Art Luxusgegenstand, den wir am Wochenende nutzen." (Interview A. 2012) Obwohl der Pkw scheinbar selten genutzt wird, scheint der Pkw-Besitz dennoch bei der Wohnstandortsuche relevant gewesen zu sein. Einen eigenen Pkw-Stellplatz zu haben oder zumindest – aufgrund der entspannten Parkplatzsituation im Wohngebiet – ohne Mühe einen Parkplatz zu finden, waren für einige der Interviewpartner wesentliche Anforderungen an den neuen Wohnstandort. So äußert sich ein Interviewpartner folgendermaßen über die Parkplatzsituation am vorherigen Wohnstandort: „Und ja, mit dem Parkplatz das nervt einfach total, wo wir vorher gewohnt haben, dass man da keinen Parkplatz findet. Und wenn man erst abends nach Hause kommt, vielleicht um Zehn oder Elf, fährt man da 20 Minuten um den Block und sucht vergeblich eine Parklücke." (Interview E. 2012) Die Verfügbarkeit eines Pkw-Stellplatzes scheint nicht nur die Organisation des Alltags zu erleichtern, wie es diese Interviewpartnerin beschreibt: „Und die Organisation des täglichen Lebens, also hier kriege ich zurzeit ja noch einen Parkplatz. Und hier kann ich dann eben nachmittags auch das Auto hinstellen." (Interview B. 2012). Ein Pkw-Stellplatz scheint auch ein wichtiges Kriterium bei der Wohnstandortwahl gewesen zu sein, wie etwa diese Aussage hervorhebt: „Ich würde mir nie ein Haus kaufen ohne einen Stellplatz zu haben." (Interview F. 2012) Um dem möglichen Widerspruch zwischen der einerseits geringen täglichen Nutzung des Pkws und der andererseits hohen Relevanz der Pkw-Infrastruktur bei der Wohnstandortwahl nachzugehen und besser zu verstehen, werden im Fragebogen weitere Fragen zur Rolle des Pkws ergänzt. Zur Frage nach den Wohnstandortpräferenzen wird das Item „Pkw-Parkmöglichkeiten" (siehe Anhang 2, Frage 1.7) hinzugefügt und die Befragten sollen angeben, ob die Aussagen „Ich kann meinen Alltag nicht ohne Auto organisieren" sowie „Ich würde das Auto häufiger stehen lassen, wenn ich keinen eigenen Pkw-Stellplatz hätte (z.B. wegen der Parkplatzsuche)" auf sie zutrifft.

5.2 Standardisierte Haushaltsbefragung

Die standardisierte Befragung stellt das zentrale Element der empirischen Untersuchung dar und ermöglicht es, Aussagen über den Zusammenhang von Wohnstandortpräferenzen und Mobilitätsverhalten auf einer breiteren Datenbasis zu treffen. Auf diese Weise können Gruppen mit ähnlichen Wohnstandortpräferenzen identifiziert und der Einfluss auf die Verkehrsmittelnutzung abgeschätzt werden. Durch die Verwendung standardisierter Fragen können die Ergebnisse zudem verallgemeinert und repliziert werden (Reinecke 2014: 612), sodass generelle Aussagen zu den Präferenzen der Bewohnergruppen innerstädtischer Neubaugebiete möglich sind. Schriftliche Befragungen bieten Vor- und Nachteile bei der Beantwortung der Fragen: Durch die Abwesenheit eines Interviewers ist eine größere Anonymität gegeben als etwa bei face-to-face Befragungen, sodass soziale Erwünschtheitseffekte seltener auftreten (Reuband 2014: 648, Esser 1991: 62). Weiterhin hat die befragte Person keinen Zeitdruck bei der Beantwortung der Fragen oder kann die Befragung unterbrechen und zu einem späteren Zeitpunkt fortsetzen, was insbesondere Erinnerungsfragen zugutekommt (Reuband

2014: 648). Dies ist für die vorliegende Befragung besonders relevant, da die Fragen zur Wohnstandortsuche und -entscheidung ein zentrales Element der Befragung darstellen. Allerdings kann die Abwesenheit des Interviewers auch zu Schwierigkeiten bei der Beantwortung führen: Beispielsweise können Fragen falsch verstanden und damit unzutreffend beantwortet werden. Hier spielen die Fragekonstruktion, das Layout und die Filterführung eine wesentliche Rolle, um Missverständnisse zu verringern (Reuband 2014: 649). Da die Vorteile der standardisierten Befragung im Hinblick auf die vorliegende Fragestellung überwiegen, wurde mit den Erkenntnissen aus den explorativen Interviews ein Fragebogen als zentrales Erhebungsinstrument erstellt.

5.2.1 Inhalt des Fragebogens

Mithilfe der vorher geführten explorativen Interviews konnte der Fragebogen so entwickelt werden, dass die als relevant identifizierten Themenbereiche in der quantitativen Erhebung aufgegriffen werden. Der Fragebogen wurde einem Pretest mit insgesamt 15 Personen unterzogen, um zu überprüfen, ob die Fragen verständlich formuliert sind und funktionieren (Weichbold 2014: 299). In einem ersten Schritt haben zehn Kollegen aus der Verkehrsforschung und der Geographie den Fragebogen getestet und diskutiert. Daraufhin wurden die Fragen zum Umzugsanlass und zur Wohnstandortentscheidung zum Teil angepasst bzw. erweitert. Zusätzlich wurde eine offene Frage eingefügt, die die spezifische Wahl des Alten Schlachthofs als Wohnstandort näher erläutern soll. In einem zweiten Schritt haben fünf fachfremde Personen den Fragebogen ausgefüllt, wovon mit drei Personen, die kürzlich umgezogen waren, der Fragebogen gemeinsam durchgegangen wurde, um auftretende Unklarheiten direkt zu vermerken. Hier wurde die ‚Technik des lauten Denkens‘ angewendet. Dabei wurden die Befragten gebeten, ihre Gedanken bei der Beantwortung der Fragen auszusprechen, um diese dann zu vermerken und in die Weiterentwicklung des Fragebogens einzubinden (Weichbold 2014: 301). Änderungen wurden daraufhin in erster Linie bei der Ausstattung und Art der vorherigen und derzeitigen Wohnung vorgenommen. Weiterhin wurde die Formulierung der Wohnstandortkriterien teilweise verfeinert. Auf Basis der Literaturrecherche, der explorativen Interviews und der Ergebnisse des Pretests wurde ein zwölfseitiger Fragebogen (siehe Anhang 2) mit den folgenden thematischen Blöcken konzipiert:

–   Wohnung und Wohnumfeld
–   Leben in der Stadt
–   Mobilität im Alltag
–   Persönliche Angaben und Haushaltsangaben

Wohnung und Wohnumfeld

In diesem Themenblock werden neben Angaben zur vorherigen und aktuellen Wohnung sowie zum Wohnstandort insbesondere der Umzugsanlass und die konkrete Wohnstandortentscheidung erfragt. Warum die Entscheidung schließlich auf den Alten Schlachthof fiel, wird durch eine offene Frage und eine geschlossene Bewertungsfrage untersucht. Bei der geschlossenen Frage soll die Relevanz von insgesamt 23 Eigenschaften des Wohnumfelds, der Erreichbarkeiten und der Wohnung auf einer Likert-Skala von 1-5 bewertet werden. Nicht ganz unproblematisch ist die retrospektive Abfrage in diesem Zusammenhang. Da die Wohnstandortwahl einige Jahre zurückliegt, können sich die Befragten möglicherweise nicht mehr genau an die Relevanz unterschiedlicher Wohnstandortkriterien erinnern. Zudem besteht die Möglichkeit, dass die Bewohner ihre Präferenzen nachträglich an die vorzufindenden Eigenschaften des Wohnstandorts anpassen, um ihre Wohnzufriedenheit zu erhöhen. Dennoch kann insgesamt davon ausgegangen werden, dass trotz der retrospektiven Erhebung die Präferenzen angemessen erfasst werden können, da einerseits der Wohnstandortwechsel zum Zeitpunkt der Befragung noch nicht lange zurückliegt (87 Prozent der Befragten sind innerhalb der letzten fünf Jahre an den Alten Schlachthof gezogen) und andererseits die Motive der Wohnstandortwahl - aufgrund der Tragweite der Entscheidung - relativ gut in Erinnerung bleiben.

Leben in der Stadt

In diesem Themenblock werden verschiedene Aussagen und Einstellungen zur allgemeinen Verkehrsmittelnutzung, zu Erreichbarkeiten und Infrastrukturen im Wohngebiet und zu Wohnwünschen formuliert. Da die Daten des Amt für Statistik Berlin-Brandenburg (2013) einen hohen Anteil an Kindern (Personen unter 18 Jahren) am alten Schlachthof ausweisen, werden zudem Aussagen formuliert, die speziell das Leben mit Kindern in der Stadt betreffen.

Mobilitätsverhalten im Alltag

Um ein umfassendes Bild des Mobilitätsverhaltens der Bewohner zu bekommen, enthält der Fragebogen ein Wegeprotokoll für einen Stichtag sowie Fragen zu üblichen Mobilitätsmustern für verschiedene Aktivitäten. Diese doppelte Abfrage des Mobilitätsverhaltens ist sinnvoll, um unterschiedliche Themenbereiche abzudecken. Mithilfe des Mobilitätsverhaltens am Stichtag können über die Sekundärdaten der Erhebung ‚Mobilität in Städten - SrV 2008‘ Vergleiche zur Gesamtstadt gezogen werden. Um eine gute Vergleichbarkeit zu gewährleisten, orientiert sich daher das Wegeprotokoll der Befragung am Alten Schlachthof am Wegeprotokoll des SrV 2008. Die Fragen zum üblichen Mobilitätsverhalten für verschiedene Aktivitäten und über einen längeren Zeitraum können Mobilitätsmuster realistischer abbilden als die Information zu Wegen an einem einzigen Stichtag. Somit eignen sich diese Daten besser für die Verknüpfung mit personenbezogenen Merkmalen. Um den Einfluss von individuellen Wohnstandortpräferenzen auf die Verkehrsmittelnutzung zu untersuchen, werden folglich die Daten zum üblichen Mobilitätsverhalten verwendet.

Persönliche Angaben und Haushaltsangaben

Dieser Themenblock umfasst Fragen zu soziodemographischen Merkmalen der Personen und des Haushalts. Da Wohnstandortentscheidungen häufig von weiteren Haushaltsmitgliedern abhängen, werden entsprechende Fragen zur Haushaltssituation gestellt (Anzahl der Personen im Haushalt, Lebensphase der Befragten, Erwerbstätigkeit (des Partners) etc.). Um die Bewohnerstruktur des Untersuchungsgebiets mit der Gesamtstadt zu vergleichen, lehnt sich die Formulierung der Fragen an den Fragebogen des SrV 2008 an.

5.2.2   Durchführung der Befragung

Anfang Oktober 2012 wurde ein Ankündigungsschreiben an alle Haushalte verteilt, um die Bewohner des Untersuchungsgebiets über die anstehende Befragung zu informieren (siehe Anhang 1). Da bei schriftlichen Befragungen der Interviewende entfällt, kommt dem Anschreiben ein besonderer Stellenwert zu. Es muss das Ziel der Erhebung vermitteln und mögliche Einwände berücksichtigen, um die Bereitschaft zur Teilnahme an der Erhebung zu erhöhen (Reuband 2014: 650). Nach den Herbstferien, Mitte Oktober 2012, startete die Verteilung der Fragebögen an die Haushalte des Untersuchungsgebiets. Pro Haushalt wurde eine volljährige Person gebeten den Fragebogen auszufüllen. Zudem wurde darauf hingewiesen, dass diejenigen Haushaltsmitglieder den Fragebogen ausfüllen sollen, die maßgeblich an der Wohnstandortentscheidung beteiligt waren. Die Fragebögen wurden persönlich in der Zeit von 17 bis 20 Uhr ausgehändigt und es wurde ein Termin (meist für den übernächsten Tag) vereinbart, um den Fragebogen wieder abzuholen. Konnte nach zweimaligem Versuch niemand im Haushalt angetroffen werden, wurde der Fragebogen mit frankiertem Rückumschlag im Briefkasten hinterlegt. Durch das persönliche Verteilen und Einsammeln der Fragebögen konnte Verbindlichkeit für die Teilnahme an der Erhebung geschaffen werden und weitere Informationen zur Erhebung gegeben sowie Unklarheiten

oder Bedenken (z.B. Fragen zum Datenschutz) geklärt werden. Als Teilnahmean-
reiz und zum Dank für die Teilnahme wurde an die Fragebögen eine kleine Tüte
mit Süßigkeiten geheftet. Auch wenn sich Geldgeschenke am wirksamsten zur
Steigerung der Teilnahme erwiesen haben, konnte hierdurch das Prinzip der Re-
ziprozität eingesetzt werden: Die Personen erwidern das Geschenk durch ihre
Teilnahme an der Befragung (Reuband 2014: 657).

5.2.3 Rücklauf

Trotz des relativ großen Fragebogenumfangs von zwölf Seiten konnte durch die
oben beschriebene Vorgehensweise ein Rücklauf von 320 Fragebögen erzielt
werden. Dies entspricht einer Quote von 46% und liegt deutlich über dem typischen Rücklauf von schriftlichen Befragungen, bei denen selten mehr als 20%
der Personen antworten (Diekmann 2007: 516). Drei Fragebögen wurden aufgrund eines hohen Anteils an fehlenden Angaben ausgeschlossen, sodass für die
weiteren Analysen Angaben von 317 Personen zur Verfügung stehen. Insgesamt
war die Bereitschaft an der Befragung teilzunehmen, im Reihenhausgebiet mit
einer Rücklaufquote von 71% deutlich höher als im Mehrfamilienhausgebiet, in
dem nur 32% der Haushalte den Fragebogen ausgefüllt haben (Tabelle 1). Dies
lässt sich vermutlich darauf zurückführen, dass insgesamt deutlich weniger
Haushalte im Mehrfamilienhaus persönlich angetroffen werden konnten.
Dadurch musste der Fragebogen häufiger mit einem frankierten Briefumschlag
im Briefkasten hinterlegt werden und die Verbindlichkeit zur Teilnahme an der
Befragung konnte seltener durch die Vereinbarung eines Termins zum Abholen
hergestellt werden. Zudem ist zu vermuten, dass die Bewohner des Reihenhausgebiets - größtenteils Familien mit kleinen Kindern - ihren Aktionsradius eher
auf das Wohnumfeld ausrichten und somit ein persönliches thematisches Interesse an der Beantwortung der Fragen besteht (Porst 1998: 4). Die Befragten empfinden dadurch eventuell einen größeren ‚Nutzen' an der Erhebung teilzunehmen
(Hlawitsch/ Kickl 2014: 307).

Tabelle 1: Rücklauf der Fragebögen. (Quelle: Eigene Darstellung, Daten: Eigene Erhebung Wohn-
und Alltagsmobilität 2012)

	Gesamt	Reihenhausgebiet	Mehrfamilienhausgebiet
Persönlich verteilt bzw. in Briefkasten hinterlegt	692	251	441
Davon zurück	320	178	142*
Rücklaufquote	46%	71%	32%

*Aufgrund vieler fehlender Angaben, wurden drei Fragebögen ausgeschlossen, sodass in den weite-
ren Analysen eine Anzahl von 139 Fragebögen für das Mehrfamilienhausgebiet und insgesamt eine
Anzahl von 317 Fragebögen zur Verfügung steht.

5.2.4 Repräsentativität

Um abzuschätzen, ob die erhobenen Daten für das Untersuchungsgebiet reprä-
sentativ sind, werden die Personenmerkmale Geschlecht und Alter aus der Stichprobe mit entsprechenden Daten des Amts für Statistik Berlin-Brandenburg verglichen. Da in der Stichprobe nur volljährige Personen befragt wurden, werden
in der Grundgesamtheit die Anteile aller Altersgruppen und die Anteile der volljährigen Personen getrennt voneinander betrachtet (Tabelle 2). Im Vergleich zu
den Anteilen der volljährigen Personen weicht die Stichprobe insgesamt nur geringfügig von der Grundgesamtheit ab, allerdings haben tendenziell weniger
Männer an der Erhebung teilgenommen. Somit zeigt sich für die Repräsentativi-
tät der Erhebung, dass Männer etwas unterrepräsentiert sind, die Altersgruppen
ansonsten jedoch in etwa der Verteilung der Grundgesamtheit entsprechen.

Tabelle 2: Grundgesamtheit und Stichprobe der Bewohnerbefragung am Alten Schlachthof im Vergleich. (Quelle: Eigene Darstellung, Daten: Eigene Erhebung Wohn- und Alltagsmobilität 2012, Amt für Statistik Berlin-Brandenburg, 2013)

	Grundgesamtheit*		Stichprobe
	Gesamt	≥ 18 Jahre	
Anzahl Personen	1842	1342	317
Anteil Frauen	50,1%	-	56,6%
Unter 18 Jahre	27,1%	-	-
18 bis unter 45 Jahre	47,9%	65,8%	68,7%
45 bis unter 65 Jahre	15,7%	21,6%	21,3%
65 Jahre und älter	9,2%	12,6%	10,0%

*Melderechtlich registrierte Einwohnerinnen und Einwohner am Ort der Hauptwohnung am 31.12.2012 im Planungsraum ‚Eldenaer Straße'

5.3 Sekundärdatensatz ‚Mobilität in Städten – SrV 2008'

Um die Ergebnisse der Erhebung am Alten Schlachthof in den gesamtstädtischen Kontext Berlins einzuordnen, werden die erhobenen Daten mit dem Sekundärdatensatz ‚Mobilität in Städten – SrV 2008' verglichen. Die Erhebung ‚Mobilität in Städten – SrV 2008' wurde von der TU Dresden und omniphon Leipzig in 76 Städten und Gemeinden Deutschlands durchgeführt. Je nach Erhebungsmethode und Stadt wurde ein Rücklauf von 5 bis 54% erzielt. Die Untersuchung liefert Ergebnisse zur Soziodemographie und zum Mobilitätsverhalten. Das Mobilitätsverhalten wurde über ein Wegeprotokoll erfasst, bei dem sich der Stichtag auf die Kernwoche von Dienstag bis Donnerstag bezieht. Für Berlin liegen zusätzlich auch Angaben zum Mobilitätsverhalten am Wochenende vor. Damit ergibt sich für Berlin ein Datensatz mit insgesamt etwa 41.000 Personen, in über 19.000 Haushalten, die am Stichtag zusammen über 111.000 Wege zurückgelegt haben. Die Gewichtung der Stichprobe erfolgte unter Berücksichtigung der Haushaltsgröße, des Alters und Geschlechts, des Quartals des Stichtags sowie des städtischen Teilraums (Follmer et al. 2010: 7, Ahrens et al. 2009b).

5.3.1 Charakterisierung der inneren und äußeren Stadt

Der Wohnstandort der Befragten des SrV 2008 wurde anhand der 195 statistischen Gebiete in Berlin erfasst und kann somit räumlich verortet werden.

Dadurch kann die Wohnbevölkerung der innerstädtischen sowie der randstädtischen Gebiete voneinander getrennt betrachtet und den Bewohnern am Alten Schlachthof gegenübergestellt werden. Nach der Definition der Senatsverwaltung für Stadtentwicklung ergeben sich damit die beiden in Abbildung 10 dargestellten Teilgebiete der inneren und äußeren Stadt (Bömermann 2012: 80).

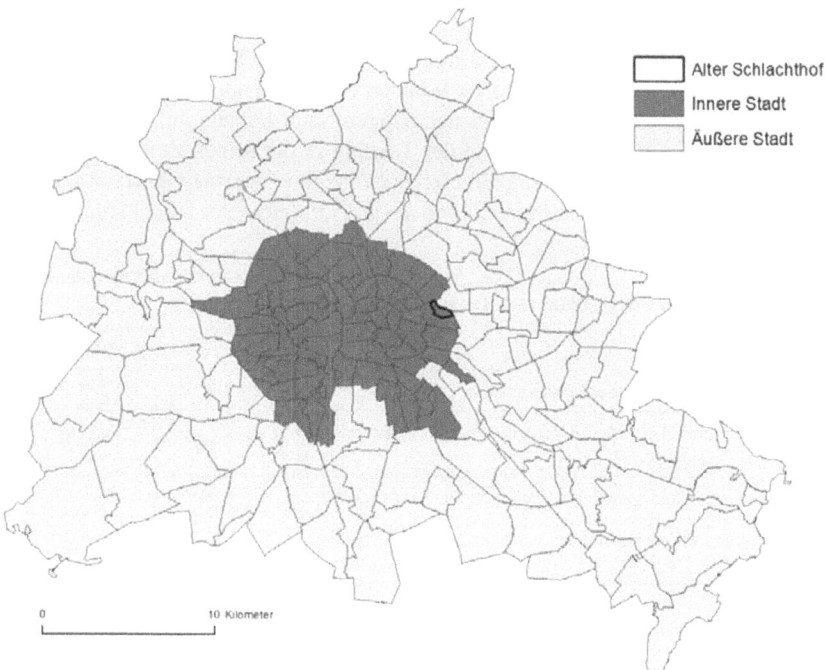

Abbildung 10: Einteilung der 195 statistischen Gebiete in die innere und äußere Stadt Berlins. (Quelle: Eigene Darstellung, Kartengrundlage: Amt für Statistik Berlin-Brandenburg 2006)

Die Unterscheidung zwischen innerer und äußerer Stadt ist nicht zuletzt aufgrund der Unterschiede in der Stadtstruktur sinnvoll. So zeichnen sich die beiden Teilräume durch unterschiedliche Bevölkerungs- und Bebauungsdichten, Nutzungsmischung und Erreichbarkeiten aus (Tabelle 3). Die innere Stadt hat eine deutlich höhere Bevölkerungs- und Bebauungsdichte als die äußere Stadt und Versorgungsgelegenheiten sind besser erreichbar: Während durchschnittlich 80 Einkaufsgelegenheiten pro km² in der inneren Stadt zu finden sind, verteilen sich 17 Einkaufsgelegenheiten auf einer Fläche von 1 km² in der äußeren Stadt. Zudem ist die ÖPNV-Infrastruktur in den innerstädtischen Gebieten deutlich besser erreichbar. Hier müssen die Bewohner durchschnittlich 0,2 Kilometer zurücklegen, um zur nächsten Bushaltestelle zu gelangen. Um mit der U-Bahn bzw. mit der S-Bahn zu fahren, müssen sie eine Entfernung von 0,6 bzw. 0,8 Kilometern zurücklegen. Die Bewohner der äußeren Stadt haben hingegen längere Wege von ihrem Wohnstandort zur nächsten Haltestelle des ÖPNV. Sie wohnen im Durchschnitt 0,3 Kilometer von einer Bushaltestelle entfernt und müssen zur nächsten U-Bahn-Station 3,1 Kilometer und zur nächsten S-Bahn-Station 1,5 Kilometer zurücklegen. Sind die Bewohner der äußeren Stadt im ÖPNV-Netz angelangt, können sie von dort 4,9 Kilometer in 15 Minuten bzw. 13 Kilometer in einer halben Stunde zurücklegen. Die Bewohner der inneren Stadt können aufgrund der größeren Anzahl der Verbindungen und der Taktung in der selben Zeit eine größere Distanz zurücklegen. In 15 Minuten erreichen sie eine maximale Distanz von 5,1 Kilometern; in einer halben Stunde können sie 15,9 Kilometer zurücklegen.

Tabelle 3: Charakterisierung der inneren und äußeren Stadt Berlins. (Quelle: Eigene Darstellung, Bearbeitung: Konstantin Greger, Daten: Amt für Statistik Berlin-Brandenburg 2011)

		Innere Stadt	Äußere Stadt
Dichte	Bevölkerungsdichte (Einwohner pro km²)	10.706	3.770
	Durchschnittlicher Anteil der Siedlungs- und Verkehrsfläche an der Gesamtfläche (in %)	93	76
	Dichte an Einkaufsgelegenheiten (nach Fläche) (pro km²)	80	17
Erreichbarkeiten	Durchschnittliche Distanz zur nächstgelegenen Bushaltestelle (in km)	0,2	0,3
	Durchschnittliche Distanz zur nächstgelegenen U-Bahnhaltestelle (in km)	0,6	3,1
	Durchschnittliche Distanz zur nächstgelegenen S-Bahnhaltestelle (in km)	0,8	1,5
	Durchschnittliche max. im ÖPNV erreichbare Distanz in 15 Minuten (in km)	5,1	4,9
	Durchschnittliche max. im ÖPNV erreichbare Distanz in 30 Minuten (in km)	15,9	13,0

5.3.2 Vergleichbarkeit der Erhebungen

Da das Wegeprotokoll der Befragung am Alten Schlachthof sowie einige Angaben zu den Personen und zum Haushalt in Anlehnung an den Fragebogen des

SrV 2008 konzipiert wurden, ist prinzipiell eine gute Vergleichbarkeit der Datensätze gegeben. Dennoch ergeben sich die folgenden Einschränkungen, die in den nachfolgenden Analysen beachtet werden müssen:

Stichprobe

Im SrV 2008 wurden die zu befragenden Haushalte über eine Personenstichprobe nach einer geschichteten Zufallsauswahl aus dem Einwohnermelderegister gezogen (Ahrens et al. 2009a: 40f). Dabei liegen Angaben für alle Personen eines Haushalts vor. Am Alten Schlachthof wurden hingegen alle Haushalte kontaktiert, wobei immer nur eine volljährige Person des Haushalts befragt wurde. Die unterschiedliche Altersverteilung der beiden Datensätze wird bei vergleichenden Analysen entsprechend angepasst, indem im SrV 2008 nur Personen ausgewählt werden, die ein Alter von mindestens 18 Jahren haben.

Erhebungsdesign

Die Befragung des SrV 2008 erfolgte nach einem standardisierten Verfahren, das insbesondere telefonisch als auch schriftlich-postalisch bzw. schriftlich-online möglich war (Ahrens et al. 2009a: 29). Die Erhebung am Alten Schlachthof erfolgte hingegen ausschließlich über einen schriftlichen Fragebogen. Durch das unterschiedliche Erhebungsdesign sind die Daten zum Teil nur bedingt vergleichbar. Im Rahmen der telefonischen Befragung kann beispielsweise bei unklaren Fragestellungen direkt nachgefragt und Begriffsdefinitionen können erklärt werden. Dies ist bei der Vorgehensweise einer schriftlichen Befragung nicht möglich. Da allerdings die Fragebögen am Alten Schlachthof überwiegend persönlich verteilt und abgeholt wurden, ergab sich ebenfalls die Möglichkeit auftretende Unklarheiten im Nachhinein zu klären.

Erhebungszeitraum

Die beiden Erhebungen wurden mit einem Abstand von vier Jahren durchgeführt, wobei hierdurch keine wesentlichen Einschränkungen zu erwarten sind. Beispielsweise ergeben sich bei dem Vergleich der beiden Jahrgänge 2002 und 2008 der Erhebung ‚Mobilität in Deutschland – MiD‘ nur geringfügige Unterschiede in der Wegehäufigkeit, Wegelänge und Verkehrsmittelnutzung (Lenz et al. 2010: 21). Das Mobilitätsverhalten kann demnach über einen längeren Zeitraum als relativ stabil angesehen werden. Allerdings können saisonale Faktoren einen Einfluss auf das Mobilitätsverhalten haben. Da die Daten des SrV 2008 über das gesamte Jahr erhoben wurden, die Befragung am

Alten Schlachthof jedoch auf zwei Wochen im Oktober begrenzt war, können saisonale Einflüsse vorligen. Durch den gewählten Zeitpunkt der Durchführung im Herbst konnten jedoch extreme Temperaturen für die Stichtagsbefragung vermieden werden. Dennoch werden für die vergleichenden Analysen in Kapitel 6.2.2 die Daten des SrV 2008 gefiltert und nur im Oktober erhobene Daten betrachtet, um saisonale Einflüsse auszuschließen.

6 Bewohnerstruktur und Mobilitätsverhalten

Um festzustellen, für welche Bevölkerungsgruppen das innerstädtische Neubaugebiet am Alten Schlachthof attraktiv ist und wie die Bewohner im Alltag mobil sind, werden im Folgenden die Bewohnerstruktur (Kapitel 6.1) und das Mobilitätsverhalten der Bewohner (Kapitel 6.2) vorgestellt und in den gesamtstädtischen Kontext eingeordnet. Hierzu werden die Bewohner des Untersuchungsgebiets mit der Bevölkerung der inneren und äußeren Stadt Berlins mithilfe des Sekundärdatensatzes ‚Mobilität in Städten – SrV 2008' verglichen (näheres zum Datensatz und zur Vergleichbarkeit der Erhebungen siehe Kapitel 5.3). Zudem wird untersucht, inwiefern innerhalb des Untersuchungsgebiets Unterschiede zwischen den Bewohnern der Reihen- und Mehrfamilienhäuser vorliegen.

6.1 Bewohnerstruktur

Soziodemographische Eigenschaften und die Verfügbarkeit von Mobilitätsressourcen geben wesentlichen Rahmenbedingungen für die Mobilitätsbedürfnisse von Personen und die Organisation des Alltags vor. Daher wird die Stichprobe der Bewohner am Alten Schlachthof hinsichtlich der Geschlechts- und Altersverteilung und der Haushaltsformen untersucht. Weiterhin werden der Bildungsgrad, die Erwerbsstruktur und die Einkommensverteilung betrachtet. Abschließend werden die verfügbaren Mobilitätsressourcen der Befragten analysiert, um im darauffolgenden Kapitel das tägliche Mobilitätsverhalten in den Blick zu nehmen.

6.1.1 Geschlecht und Altersstruktur

Im Reihenhausgebiet haben mehr Frauen (62%) als Männer den Fragebogen ausgefüllt, im Mehrfamilienhausgebiet haben gleich viele Frauen wie Männer an der Befragung teilgenommen (Tabelle 4).

Tabelle 4: Geschlecht und Alter der Bewohner am Alten Schlachthof im Vergleich zur Gesamtstadt.
Nur Personen ≥ 18 Jahre. (Quelle: Eigene Darstellung, Daten: Eigene Erhebung Wohn- und Alltagsmobilität 2012, Mobilität in Städten – SrV 2008, Stichprobe Berlin, Senatsverwaltung für Stadtentwicklung und Umwelt Berlin, Abteilung Verkehr; mit Gewichtung)

	Reihen- hausgebiet	Mehrfamilien- hausgebiet	Innere Stadt	Äußere Stadt
Anteil Frauen	62%	50%	49%	52%
Durchschnittliches Alter (Mittelwert) in Jahren	41	47	45	50
n	178	139	11.131	21.139

Da nur volljährige Personen befragt wurden, liegt der reale Altersdurchschnitt[4]
der Wohnbevölkerung am Alten Schlachthof unter dem Altersdurchschnitt der
erhobenen Daten. Dementsprechend beziehen sich auch die Vergleichsdaten der
inneren und äußeren Stadt in den folgenden Analysen nur auf volljährige Personen. Vor diesem Hintergrund sind die Befragten des Reihenhausgebiets mit einem Altersdurchschnitt von 41 Jahren jünger als die Befragten des Mehrfamilienhausgebiets (47 Jahre) und auch im Vergleich zu den Innenstadtbewohnern (45
Jahre) weisen sie ein geringeres Alter auf. Abbildung 11 verdeutlicht zudem, dass
die Altersstruktur im Reihenhausgebiet homogener ist als im Mehrfamilienhausgebiet. Besonders häufig sind hier die mittleren Altersgruppen besetzt, wohingegen im Mehrfamilienhausgebiet auch jüngere Jahrgänge sowie ältere Generatio-
nen vertreten sind.

---

4   Nach Angaben des Amts für Statistik Berlin-Brandenburg (2013) sind 27% der Bewohner am Alten Schlachthof jünger als 18 Jahre.

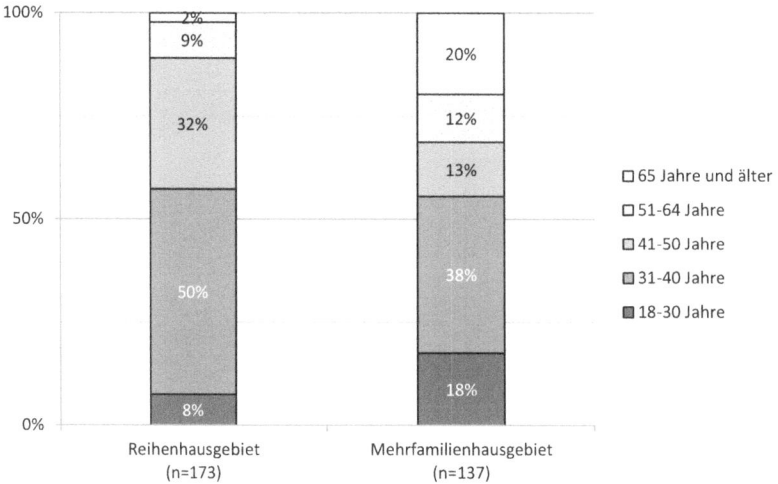

Abbildung 11: Altersstruktur der Bewohner am Alten Schlachthof. (Quelle: Eigene Darstellung, Daten: Eigene Erhebung Wohn- und Alltagsmobilität 2012)

6.1.2 Haushaltsformen

Die Haushaltsgröße unterscheidet sich nicht nur zwischen dem Reihenhausgebiet und dem Mehrfamilienhausgebiet, sondern auch im Vergleich zur Gesamtstadt (Abbildung 12).

So überwiegen im Reihenhausgebiet größere Haushalte: 77% leben mit zwei oder drei weiteren Personen zusammen. Weitere 20% wohnen in einem Zwei-Personen-Haushalt und nur 3% leben alleine. Im Mehrfamilienhausgebiet leben hingegen die meisten Personen in einem Zwei-Personen-Haushalt (42%) oder alleine (20%). Größere Drei- oder Vier-Personen-Haushalte (37%) sind entsprechend weniger stark vertreten. Im Gegensatz dazu dominieren in der inneren und äußeren Stadt kleinere Haushalte: In der inneren Stadt lebt in 62% der Haushalte nur eine Person, fast ein Viertel der Haushalte sind Zwei-Personen-Haushalte. Größere Haushalte machen nur einen kleinen Anteil von 14% aus. Interessanterweise leben auch die Bewohner der äußeren Stadt im Vergleich zum Untersuchungsgebiet deutlich häufiger in kleineren Haushalten. Insgesamt wohnen hier 81% alleine oder in einem Zwei-Personen-Haushalt.

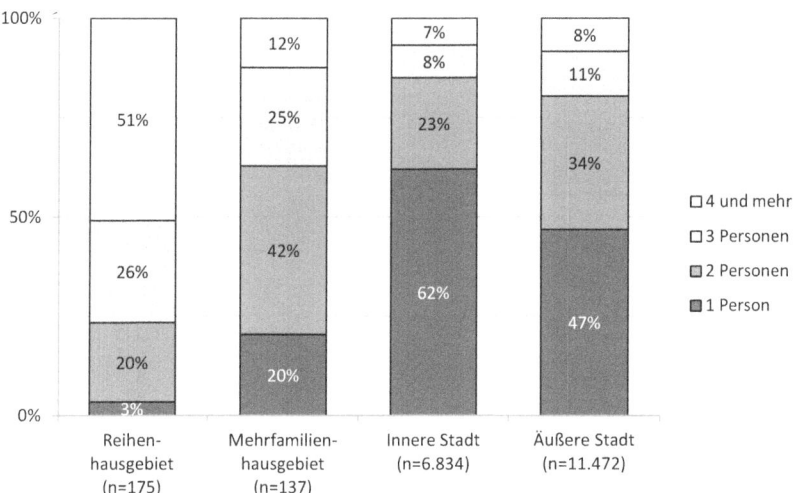

Abbildung 12: Haushaltsgröße am Alten Schlachthof im Vergleich zur Gesamtstadt. (Quelle: Eigene Darstellung, Daten: Eigene Erhebung Wohn- und Alltagsmobilität 2012, Mobilität in Städten – SrV 2008, Stichprobe Berlin, Senatsverwaltung für Stadtentwicklung und Umwelt Berlin, Abteilung Verkehr; mit Gewichtung)

Im Hinblick auf die Haushaltszusammensetzung, ist die Bewohnerstruktur des Reihenhausgebiets insbesondere durch Familien (75%) und Paarhaushalte (20%) gekennzeichnet. Im Mehrfamilienhausgebiet ist die Zusammensetzung der Haushalte etwas heterogener: Hier wohnen in erster Linie Paarhaushalte (42%), aber auch Familien (35%) und Alleinlebende (20%). Damit zeigt sich, dass am Alten Schlachthof insgesamt ein selektiver Zuzug erfolgt ist und das Gebiet insbesondere für Familien und Paarhaushalte attraktiv ist (Abbildung 13).

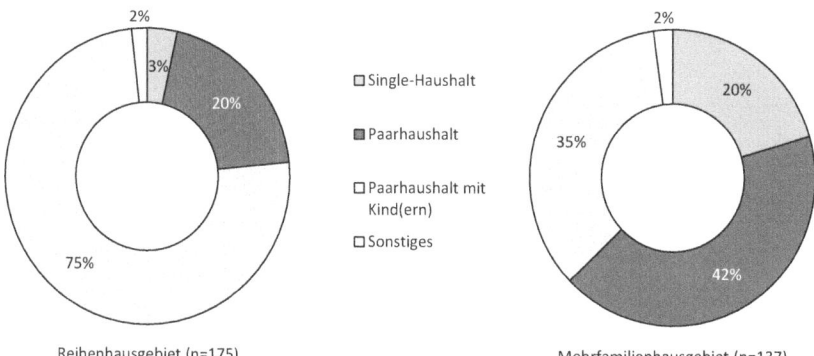

Reihenhausgebiet (n=175)   Mehrfamilienhausgebiet (n=137)

Abbildung 13: Haushaltsstruktur am Alten Schlachthof. (Eigene Darstellung, Daten: Eigene Erhebung Wohn- und Alltagsmobilität 2012)

6.1.3 Bildungsgrad, Erwerbsstruktur und Einkommen

Die Bewohner des Untersuchungsgebiets sind überdurchschnittlich gut ausgebildet und verfügen über hohe Berufsabschlüsse (Tabelle 5). Dies trifft insbesondere auf die Bewohner des Reihenhausgebiets zu. Hier haben 90% einen Hochschulzugang (Abitur oder Hochschulreife) erworben und knapp 80% haben daraufhin ein Studium an einer Universität oder Hochschule absolviert. Die Bewohner des Mehrfamilienhausgebiets weisen ein etwas niedrigeres formales Bildungsniveau auf und entsprechen damit eher den Innenstadtbewohnern: 66% haben Abitur bzw. Fachabitur gemacht und 61% haben daraufhin ein Studium abgeschlossen. Über ein Viertel der Bewohner hat eine Lehre oder Berufs-/ Handelsschule beendet. Die etwas geringeren Bildungs- und Berufsabschlüsse im Mehrfamilienhausgebiet können zum Teil auch ein Effekt der Altersstruktur sein, da die älteren Jahrgänge ein niedrigeres formales Bildungsniveau besitzen.

Tabelle 5: Berufsabschluss der Bewohner am Alten Schlachthof. (Eigene Darstellung, Daten: Eigene Erhebung Wohn- und Alltagsmobilität 2012)

		Reihenhausgebiet	Mehrfamilienhausgebiet
Schulabschluss	Volks-/ Hauptschulabschluss, POS 8. Klasse	1%	9%
	Realschulabschluss/ Mittlere Reife, POS 10. Klasse	9%	25%
	Abitur/ Fachabitur	90%	66%
Berufsausbildung	(noch) keine Ausbildung	2%	1%
	Lehre, Berufsfachschule, Handels schule	13%	28%
	Meister-/ Technikerschule, Fach schule, Berufs-/ Fachakademie	6%	9%
	Hoch-/ Fachhochschule	79%	61%
	n	176	136

Ob eine Person erwerbstätig ist oder nicht und in welchem Umfang sie erwerbstätig ist, bestimmt zu einem großen Teil den zeitlichen Tagesablauf und die räumliche Zielwahl und ist damit auch im Hinblick auf die Alltagsmobilität relevant. Insgesamt sind 88% der unter 65-Jährigen im Reihenhaus- und 86% im Mehrfamilienhausgebiet erwerbstätig (Abbildung 14). Dies liegt deutlich über der Erwerbstätigenquote der inneren (66%) und äußeren Stadt (64%). Weitere Unterschiede lassen sich im Umfang der Erwerbstätigkeit ausmachen: Im Mehrfamilienhausgebiet sind 73% der unter 65-Jährigen in Vollzeit erwerbstätig, wohingegen 62% der unter 65-Jährigen im Reihenhausgebiet einer Vollzeitbeschäftigung nachgehen. Dementsprechend arbeiten die Bewohner des Reihenhausgebiets häufiger in Teilzeit. Sind in einem Haushalt beide Partner erwerbstätig, wird nicht nur die Organisation des Alltags komplexer, sondern auch die Wohnstandortentscheidung wird erschwert, da beide Arbeitsorte mit dem Wohnort vereinbart werden müssen. Im Reihenhausgebiet geben 73% der unter 65-Jährigen an, dass sie und ihr Partner erwerbstätig seien. Im Mehrfamilienhausgebiet ist der Anteil etwas geringer, hier leben 61% der unter 65-Jährigen in einem Doppelverdienerhaushalt.

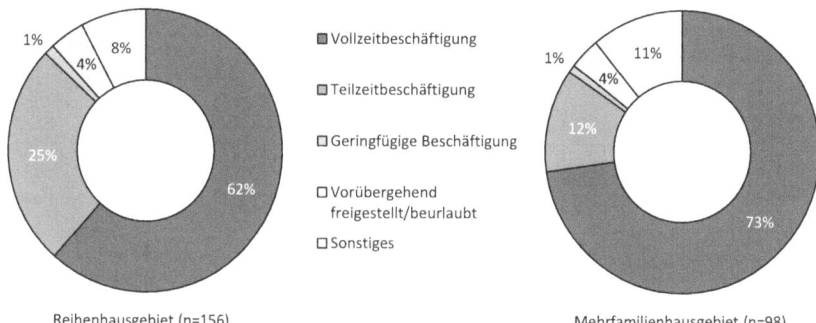

Abbildung 14: Erwerbstätigkeit der unter 65-Jährigen am Alten Schlachthof. (Eigene Darstellung, Daten: Eigene Erhebung Wohn- und Alltagsmobilität 2012)

Bezüglich des Einkommens zeigen sich sowohl innerhalb des Untersuchungsgebiets als auch im Vergleich zum Berliner Durchschnitt Unterschiede. Da in der Erhebung das monatliche Nettoeinkommen der Haushalte erfragt wurde und Haushaltsgröße und -struktur zum Teil deutlich variieren, wird das Äquivalenzeinkommen[5] gebildet (Tabelle 6). Demnach haben die Befragten des Reihenhausgebiets mit einem durchschnittlichen Äquivalenzeinkommen von etwa 2.400 Euro höhere Einkommen als die Befragten des Mehrfamilienhausgebiets, denen monatlich etwa 2.100 Euro zur Verfügung stehen. Die Bewohner der inneren und äußeren Stadt sind mit einem monatlichen Äquivalenzeinkommen von jeweils etwa 1.400 Euro finanziell schlechter gestellt.

---

5 Mithilfe des Äquivalenzeinkommens kann die Einkommenssituation der Haushalte in Abhängigkeit der Haushaltsgröße und –struktur abgebildet werden. Dafür wird die von Hagenaars, De Vos und Zaidi vorgeschlagene OECD-Skala verwendet, die die erste erwachsene Person im Haushalt mit 1, jede weitere Person über 14 Jahren mit 0,5 und Kinder unter 14 Jahren mit 0,3 gewichtet (Anyaegbu 2010: 50).

Tabelle 6: Durchschnittliches monatliches Netto-Einkommen des Haushalts (Äquivalenzeinkommen nach OECD in EUR) der Bewohner am Alten Schlachthof im Vergleich zur Gesamtstadt. (Eigene Darstellung, Daten: Eigene Erhebung Wohn- und Alltagsmobilität 2012, Mobilität in Städten – SrV 2008, Stichprobe Berlin, Senatsverwaltung für Stadtentwicklung und Umwelt Berlin, Abteilung Verkehr; mit Gewichtung)

	Reihenhaus-gebiet	Mehrfamilien-hausgebiet	Innere Stadt	Äußere Stadt
Durchschnittliches monatliches Netto-Einkommen des Haushalts (Äquivalenzeinkommen nach OECD in EUR)	2.426	2.121	1.399	1.405
n	111	99	5.940	9.717

6.1.4 Mobilitätsressourcen

Die Mobilitätsressourcen der Haushalte geben einen ersten Hinweis auf das Mobilitätsverhalten, da vorgelagerte Mobilitätsentscheidungen hierfür die Rahmenbedingungen bestimmen (siehe Kap. 3.1). Die Bewohner des Untersuchungsgebiets verfügen über vielfältige Mobilitätsoptionen; dabei liegt insbesondere die Pkw-Ausstattung deutlich über dem Berliner Durchschnitt (Abbildung 15). Fast 70% der Haushalte im Reihenhausgebiet verfügen über einen Pkw und weitere 20% besitzen zwei Autos oder mehr. Dementsprechend leben nur 12% der Befragten ohne Pkw im Haushalt. Im Mehrfamilienhausgebiet geben 21% der Befragten an, keinen Pkw im Haushalt zu haben, sodass hier der Pkw-Besitz insgesamt etwas niedriger ist. Dennoch haben immerhin knapp 80% der Haushalte mindestens einen Pkw und weichen damit deutlich vom Berliner Durchschnitt ab. Im Vergleich hierzu zeigt sich, dass mehr als die Hälfte der Haushalte der inneren Stadt ohne eigenen Pkw auskommt; in der äußeren Stadt hat mehr als ein Drittel der Haushalte keinen Pkw. Erwartungsgemäß ist der Pkw-Besitz in der äußeren Stadt damit höher als in der inneren Stadt, aber immer noch deutlich geringer als am Alten Schlachthof. Damit zeichnen sich die Bewohner des Untersuchungsgebiets durch einen überdurchschnittlich hohen Pkw-Besitz aus, der eine ebenso hohe Pkw-Nutzung im Alltag vermuten lässt. Inwiefern dies zutrifft, wird in Abschnitt 6.2 näher untersucht.

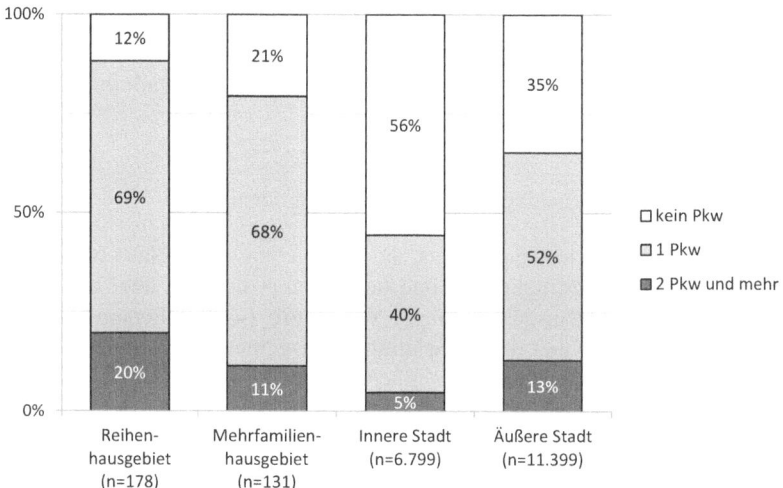

Abbildung 15: Anzahl der Pkw im Haushalt am Alten Schlachthof im Vergleich zur Gesamtstadt. (Eigene Darstellung, Daten: Eigene Erhebung Wohn- und Alltagsmobilität 2012, Mobilität in Städten – SrV 2008, Stichprobe Berlin, Senatsverwaltung für Stadtentwicklung und Umwelt Berlin, Abteilung Verkehr; mit Gewichtung; rundungsbedingte Abweichungen von 100 möglich)

Neben der hohen Pkw-Besitzquote stehen den Haushalten weitere Mobilitätsressourcen zur Verfügung. Knapp 80% der Bewohner des Reihenhausgebiets verfügen über ein Fahrrad im Haushalt. Im Mehrfamilienhausgebiet ist der Anteil der Personen mit mindestens einem Fahrrad im Haushalt geringer (66%). Die Bewohner des Mehrfamilienhausgebiets (49%) haben etwa gleich häufig eine Monats- oder Jahreskarte für den öffentlichen Nahverkehr wie die Innenstadtbewohner (48%). Die Bewohner des Reihenhausgebiets (42%) verfügen ähnlich häufig über eine ÖPNV-Zeitkarte wie die Bewohner der äußeren Stadt (41%).

6.2 Mobilitätsverhalten der Bewohner

Im vorherigen Abschnitt hat sich gezeigt, dass ein selektiver Zuzug von Personen mit vielfältigen Mobilitätsressourcen – insbesondere mit einer hohen Pkw-Besitzquote – im Untersuchungsgebiet stattgefunden hat. Inwiefern sich dies im Mobilitätsverhalten widerspiegelt und ob Unterschiede zur gesamtstädtischen Bevölkerung vorliegen, wird im Folgenden untersucht. Dafür werden zunächst Mobilitätskenngrößen (Wegeanzahl, Wegelänge, Verkehrsmittelnutzung) der befragten Personen im Vergleich zur Bevölkerung der inneren und äußeren Stadt Berlins dargestellt. Anschließend werden ‚typische' Bewohnergruppen des Untersuchungsgebiets, die die Bewohnerstruktur möglichst gut repräsentieren, ausgewählt und einer vergleichbaren Gruppe der Berliner Innenstadt gegenüber gestellt.

6.2.1 Wegeanzahl, Wegelänge und Verkehrsmittelnutzung

Die Bewohner des Reihenhausgebiets, die am Stichtag außer Haus waren, haben 4,1 Wege pro Person zurückgelegt und liegen damit deutlich über der Wegeanzahl im Mehrfamilienhausgebiet mit 3,4 Wegen pro Tag und Person (Tabelle 7). Damit legen die Bewohner des Mehrfamilienhausgebiets ähnlich viele Wege pro Tag zurück, wie die Bewohner der inneren Stadt (3,3 Wege) und verzeichnen mehr Wege als die Bewohner der äußeren Stadt (2,9 Wege). Bei der Betrachtung der Wegelänge[6] zeigt sich, dass die Befragten im Mehrfamilienhausgebiet zwar weniger, aber dafür längere Wege zurücklegen: Im Durchschnitt hat ein Weg eine Länge von 7 Kilometern. Die Bewohner des Reihenhausgebiets legen hingegen auf einem Weg durchschnittlich eine Entfernung von 5,7 Kilometern zurück und unterscheiden sich nicht wesentlich von der Wegelänge der Innenstadtbewohner (5,9 Kilometer). Die disperse Siedlungsstruktur der äußeren Stadt geht auch mit längeren Wegen einher: Hier ist ein Weg durchschnittlich 8,4 Kilometer lang.

---

6   Da das tägliche Mobilitätsverhalten im Vordergrund der Analysen steht, werden nur Wege unter 100 Kilometern berücksichtigt, um Fernverkehrswege auszuklammern.

Tabelle 7: Zurückgelegte Wegeanzahl und Wegelänge (am Stichtag) der Bewohner am Alten Schlachthof im Vergleich zur Gesamtstadt. Nur Personen ≥ 18 Jahren. (Eigene Darstellung, Daten: Eigene Erhebung Wohn- und Alltagsmobilität 2012, Mobilität in Städten – SrV 2008, Stichprobe Berlin, Senatsverwaltung für Stadtentwicklung und Umwelt Berlin, Abteilung Verkehr; mit Gewichtung)

	Reihenhaus-gebiet	Mehrfamilien-hausgebiet	Innere Stadt	Äußere Stadt
Anzahl der Wege pro Person (≥ 18 Jahre)	4,1	3,4	3,3	2,9
n	165	117	11.131	21.139
Durchschnittliche Wegelänge in km (Wege < 100km)	5,7	7,0	5,9	8,4
n	635	372	31.667	53.978

Bei der Verteilung der Wegezwecke ergeben sich zwischen den Bewohnern des Reihenhausgebiets und des Mehrfamilienhausgebiets nur geringe Unterschiede (Tabelle 8). Analog zu dem etwas höheren Anteil an Vollzeiterwerbstätigen haben die Befragten des Mehrfamilienhausgebiets am Stichtag häufiger einen Arbeitsweg zurückgelegt. Stattdessen verzeichnen die Bewohner des Reihenhausgebiets mehr Wege, bei denen sie andere Personen zu einer Aktivität bringen oder dort abholen, was sich vermutlich auf den hohen Anteil an Familien mit kleinen Kindern zurückführen lässt.

Tabelle 8: Wegezwecke (am Stichtag) der Bewohner am Alten Schlachthof. Nur Wege < 100km. (Eigene Darstellung, Daten: Eigene Erhebung Wohn- und Alltagsmobilität 2012)

	Reihenhausgebiet	Mehrfamilienhausgebiet
Arbeitsplatz/Dienstweg	23%	27%
Ausbildung/Schule/Universität	1%	0%
Einkauf	10%	12%
Private Erledigung	10%	10%
Holen/Bringen von Personen	20%	12%
Freizeitaktivität	9%	11%
Nach Hause	27%	28%
n	632	363

Wie sich in Kapitel 6.1.4 herausgestellt hat, verfügen die Bewohner am Alten Schlachthof überdurchschnittlich häufig über einen Pkw im Haushalt, wodurch ein entsprechend hoher Anteil der Pkw-Nutzung zu vermuten ist. Der Modal Split weist allerdings ein gegenteiliges Ergebnis auf (Abbildung 16): Obwohl 88% der Haushalte im Reihenhausgebiet mindestens ein Auto haben, wurden am Stichtag nur 20% der Wege mit dem Pkw zurückgelegt. Demnach weisen die Bewohner des Reihenhausgebiets vergleichbare Pkw-Nutzungsmuster wie die Innenstadtbewohner auf. Die Bewohner des Mehrfamilienhausgebiets gruppieren sich hingegen mit einem Pkw-Anteil von 32% zwischen die Bewohner der inneren (22 %) und der äußeren Stadt (42%) ein. Die Ergebnisse der Stichtagsanalysen weisen somit darauf hin, dass die hohe Pkw-Besitzquote nicht zwangsläufig mit hohen Pkw-Nutzungsanteilen einhergeht. Weiterhin fällt auf, dass die Bewohner des Reihenhausgebiets überdurchschnittlich häufig das Fahrrad nutzen. Sie haben knapp ein Drittel der Wege am Stichtag mit dem Fahrrad zurückgelegt, wohingegen die Bewohner des Mehrfamilienhausgebiets nur etwa auf halb so vielen Wegen Fahrrad fahren und damit etwas seltener das Rad nutzen als die Innenstadtbewohner. In der äußeren Stadt ist der Anteil der Radnutzung mit 9% erwartungsgemäß geringer. Die Bewohner des Mehrfamilienhausgebiets nutzen stattdessen häufiger öffentliche Verkehrsmittel als die Befragten des Reihenhausgebiets. Sie haben am Stichtag über ein Viertel der Wege mit dem ÖPNV zurückgelegt und verzeichnen damit einen ähnlich hohen ÖPNV-Anteil wie die Bewohner der inneren Stadt. Die Bewohner des Reihenhausgebiets haben auf 18% ihrer Wege öffentliche Verkehrsmittel genutzt. Der Anteil der Fußwege nimmt von der inneren (32%) zur äußeren Stadt ab (25%) und beträgt 29% im Reihenhausgebiet und 26% im Mehrfamilienhausgebiet.

Abbildung 16: Modal Split (Verkehrsaufkommen) der Bewohner am Alten Schlachthof im Vergleich zur Gesamtstadt. Nur Wege < 100km und Personen ≥ 18 Jahren. (Eigene Darstellung, Daten: Eigene Erhebung Wohn- und Alltagsmobilität 2012, Mobilität in Städten – SrV 2008, Stichprobe Berlin, Senatsverwaltung für Stadtentwicklung und Umwelt Berlin, Abteilung Verkehr; mit Gewichtung)

Hinsichtlich der Verkehrsleistung dominieren erwartungsgemäß der öffentliche Nahverkehr und der Pkw (Abbildung 17). Die Bewohner des Reihenhausgebiets haben jeweils etwa ein Drittel der Tagesstrecke mit dem öffentlichen Nahverkehr bzw. dem Pkw am Stichtag zurückgelegt. Knapp ein Viertel der gesamten Tagesstrecke haben sie mit dem Fahrrad zurückgelegt und liegen damit deutlich über dem innerstädtischen Durchschnitt von 11%. Die Bewohner des Mehrfamilienhausgebiets haben am Stichtag 46% der Tagesstrecke mit dem Auto zurückgelegt und nähern sich damit an die Verkehrsleistung der Bewohner der äußeren Stadt (52%) an. Zudem haben die Bewohner des Mehrfamilienhausgebiets 40% der Tagesstrecke mit dem öffentlichen Nahverkehr zurückgelegt; dies ist wiederum mit der Verkehrsleistung der Innenstadtbewohner vergleichbar. Fußwege spielen aufgrund der kurzen Distanzen für die Verkehrsleistung eine untergeordnete Rolle.

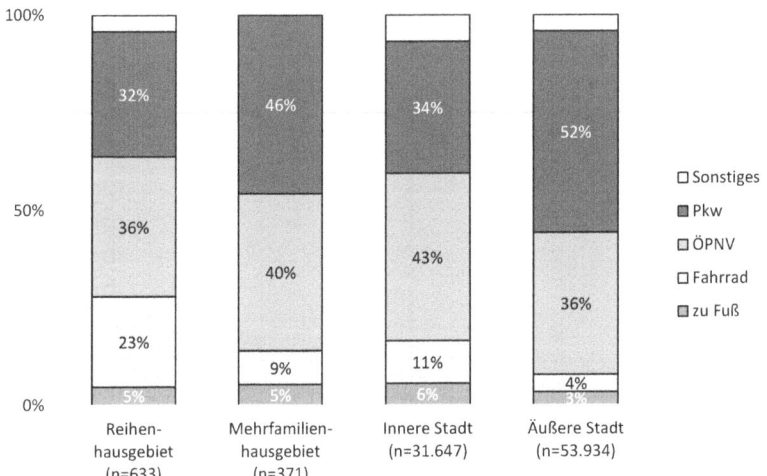

Abbildung 17: Modal Split (Verkehrsleistung) der Bewohner am Alten Schlachthof im Vergleich Ge-samtstadt. Nur Wege < 100km und Personen ≥ 18 Jahren. (Eigene Darstellung, Daten: Eigene Erhe-bung Wohn- und Alltagsmobilität 2012, Mobilität in Städten – SrV 2008, Stichprobe Berlin, Senats-verwaltung für Stadtentwicklung und Umwelt Berlin, Abteilung Verkehr; mit Gewichtung)

6.2.2 Exkurs: Mobilitätsverhalten ,typischer' Bewohnergruppen

Wie sich im vorangegangenen Abschnitt herausgestellt hat, unterscheiden sich die Bewohner am Alten Schlachthof nicht nur hinsichtlich soziodemographischer Merkmale von den Bewohnern der inneren und äußeren Stadt Berlins, sondern auch in ihrem Mobilitätsverhalten. Um festzustellen, ob diese Unterschiede auch weitgehend unabhängig von soziodemographischen Merkmalen bestehen, wer-den homogene Bewohnergruppen ausgewählt, die die Bewohnerstruktur des Reihenhausgebiets bzw. des Mehrfamilienhausgebiets möglichst gut repräsentie-ren. Die identifizierten Gruppen werden dann entsprechenden innerstädtischen Vergleichsgruppen gegenübergestellt. Hierzu wird zunächst anhand der erhobe-nen Daten untersucht, zwischen welchen mobilitätsbezogenen und soziodemo-graphischen Variablen ein Zusammenhang besteht (Tabelle 9). Demnach stellt sich ein signifikanter Zusammenhang zwischen der Anzahl der Wege pro Person und Tag sowie den soziodemographischen Merkmalen Geschlecht, Alter, Schul-abschluss, Haushaltsgröße und Haushaltszusammensetzung und dem Einkom-men heraus. Zudem lassen sich für den Anteil der ÖPNV-Nutzung Zusammen-hänge mit der Haushaltsgröße und der Haushaltszusammensetzung feststellen.

Tabelle 9: Bivariate Korrelationen zwischen mobilitätsbezogenen und soziodemographischen Variablen (Korrelationskoeffizienten nach Pearson und Spearman). (Eigene Darstellung, Daten: Eigene Erhebung Wohn- und Alltagsmobilität 2012)

	Mobilitätsbezogene Variablen	
	Anzahl Wege pro Person und Tag	Anteil ÖPNV-Nutzung
Soziodemographische Variablen	Geschlecht** Alter** Höchster Schulabschluss** Anzahl der Personen im Haushalt** Anzahl der Kinder im Haushalt** Monatliches Nettoeinkommen pro Haushalt*	Anzahl der Personen pro Haushalt* Anzahl der Kinder pro Haushalt*

* Signifikanz-Niveau von 0,05 (2-seitig)

** Signifikanz-Niveau von 0,01 (2-seitig)

Auf dieser Basis werden Bewohner identifiziert, die in den oben aufgelisteten soziodemographischen Merkmalen möglichst ähnlich sind und gleichzeitig die Bewohnerstruktur des Reihenhausgebiets bzw. des Mehrfamilienhausgebiets möglichst gut abbilden. Die ‚typischen' Bewohner des Reihenhausgebiets haben demnach Abitur oder Fachabitur, wohnen in einem Haushalt mit 3, 4 oder 5 Personen mit Kind/ern und haben ein monatliches Haushalts-Nettoeinkommen von mindestens 2.000 Euro. Die ‚typischen' Bewohner des Mehrfamilienhausgebiets haben Abitur/ Fachabitur oder Realschulabschluss, wohnen in einem Ein-Personen- oder Zwei-Personen-Haushalt ohne Kind und verfügen über ein monatliches Haushalts-Nettoeinkommen von mindestens 900 Euro. Um die beiden Bewohnergruppen mit den Innenstadtbewohnern zu vergleichen, werden die identifizierten soziodemographischen Merkmale durch das Ziehen einer komplexen Stichprobe[7] auf den Datensatz ‚Mobilität in Städten – SrV 2008' übertragen, sodass jeweils eine Vergleichsgruppe herausgefiltert wird, die den ‚typischen' Bewohnern des Reihenhaus- bzw. Mehrfamilienhausgebiets entspricht. Insgesamt ergeben sich damit vier Gruppen, deren Mobilitätsverhalten am Stichtag im

---

7   Hierfür wurde in SPSS 20 das Modul ‚Complex Samples' verwendet. Dabei wird mithilfe eines Analyseplans eine geschichtete Stichprobe anhand vorgegebener Kriterien zufällig gezogen. Um die Vergleichbarkeit des erhobenen Datensatzes am Alten Schlachthof mit dem Datensatz ‚Mobilität in Städten – SrV 2008' zu sichern, setzt sich die Vergleichsgruppe nur aus Personen zusammen, die (1) in der Berliner Innenstadt wohnen, (2) im 3. Quartal des Jahres 2008 (werktags) befragt wurden und (3) 18 Jahre oder älter sind. Zusätzlich wurde zufällig immer nur eine Person aus einem Haushalt für die weiteren Berechnungen ausgewählt. Aufgrund der sehr spezifischen Merkmale der gezogenen Stichprobe werden die folgenden Auswertungen ohne Gewichtung vorgenommen und entsprechen somit nicht der Grundgesamtheit der innerstädtischen Wohnbevölkerung.

folgenden Abschnitt miteinander verglichen wird. Tabelle 10 fasst die soziodemographischen Merkmale der vier Gruppen zusammen. Die innerstädtischen
Vergleichsgruppen entsprechen dabei den jeweiligen Bewohnergruppen am Alten
Schlachthof sehr gut, einzig das Einkommen weist Unterschiede auf und unterstreicht, dass sowohl die Bewohner des Reihenhausgebiets als auch die Bewohner des Mehrfamilienhausgebiets überdurchschnittlich gut verdienen.

Tabelle 10: Übersicht der soziodemographischen Merkmale ‚typischer Bewohnergruppen' am Alten Schlachthof und der jeweiligen innerstädtischen Vergleichsgruppen (Personen ≥ 18 Jahre). (Eigene Darstellung, Daten: Eigene Erhebung Wohn- und Alltagsmobilität 2012, Mobilität in Städten – SrV 2008, Stichprobe Berlin, Senatsverwaltung für Stadtentwicklung und Umwelt Berlin, Abteilung Verkehr; ohne Gewichtung)

	‚Typische' Bewohner des Reihenhausgebiets	Innerstädtische Vergleichsgruppe	‚Typische' Bewohner des Mehrfamilienhausgebiets	Innerstädtische Vergleichsgruppe
Geschlecht (weiblich)	61%	61%	55%	59%
Durchschnittliches Alter (in Jahren)	40	40	52	50
Höchster Schulabschluss	Abitur/Fachabitur (100%)	Abitur/Fachabitur (100%)	Volks-/Hauptschul-abschluss, POS 10. Klasse (62%) Realschulabschluss/Mittlere Reife, POS 10. Klasse (23%)	Volks-/Hauptschul-abschluss, POS 10. Klasse (61%) Realschulabschluss/Mittlere Reife, POS 10. Klasse (23%)
Haushaltsgröße	3 Personen (31%) 4 oder 5 Personen (69%)	3 Personen (35%) 4 oder 5 Personen (65%)	1 Person (39%) 2 Personen (61%)	1 Person (43%) 2 Personen (57%)
Kinder (< 18 Jahre) im Haushalt	1 Kind (31%) 2 Kinder oder mehr (69%)	1 Kind (38%) 2 Kinder oder mehr (62%)	kein Kind (100%)	kein Kind (100%)
Durchschnittliches monatliches Netto-Einkommen des Haushalts (Äquivalenzeinkommen nach OECD)	2.426 Euro	1.637 Euro	2.194 Euro	1.715 Euro
n	68	74	61	140

Mobilitätsverhalten der ‚typischen' Bewohner des Reihenhausgebiets

Wegehäufigkeit und Wegelänge weisen geringfügige Unterschiede zwischen den Bewohnern des Reihenhausgebiets und der innerstädtischen Vergleichsgruppe auf. Die Bewohner des Reihenhausgebiets haben am Stichtag 4,5 Wege und eine Tagesstrecke von 23 Kilometern zurückgelegt, die innerstädtische Vergleichsgruppe hat 4,8 Wege unternommen und dabei 25 Kilometer bewältigt, wobei keine statistisch signifikanten Unterschiede vorliegen. Die Verkehrsmittelnutzung unterscheidet sich zwischen den Bewohnern des Reihenhausgebiets und der innerstädtischen Vergleichsgruppe insbesondere im Hinblick auf die Fahrrad- und Pkw-Nutzung (Abbildung 18).

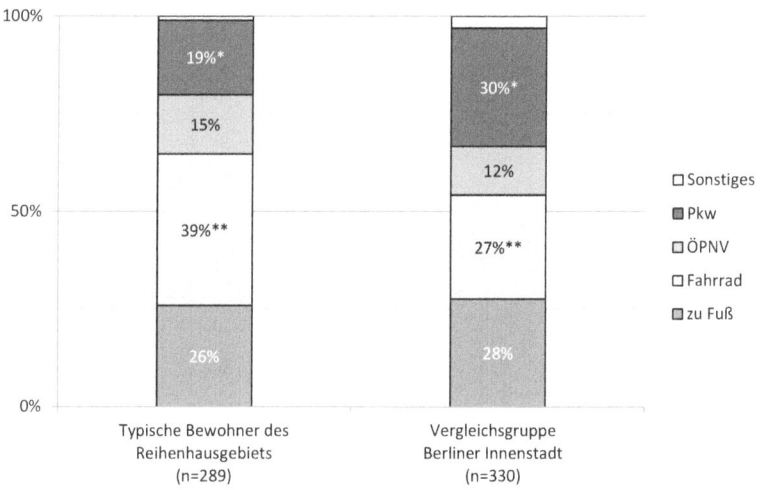

* Signifikanz-Niveau von 0,05

** Signifikanz-Niveau von 0,01

Abbildung 18: Modal Split (Verkehrsaufkommen) der ‚typischen' Bewohner des Reihenhausgebiets und der innerstädtischen Vergleichsgruppe. (Eigene Darstellung, Daten: Eigene Erhebung Wohn- und Alltagsmobilität 2012, Mobilität in Städten – SrV 2008, Stichprobe Berlin, Senatsverwaltung für Stadtentwicklung und Umwelt Berlin, Abteilung Verkehr; ohne Gewichtung)

Die Bewohner des Reihenhausgebiets haben signifikant häufiger das Fahrrad (39%) auf ihren Alltagswegen am Stichtag genutzt als die Vergleichsgruppe

(27%). Sie sind nur auf 19% ihrer Wege mit dem Auto gefahren, dagegen hat die Vergleichsgruppe auf 30% der Wege den Pkw genutzt. Die Nutzung öffentlicher Verkehrsmittel sowie der Anteil der Fußwege unterscheiden sich zwischen den Bewohnern des Reihenhausgebiets und der innerstädtischen Vergleichsgruppe nicht signifikant voneinander.

Mobilitätsverhalten der ‚typischen' Bewohner des Mehrfamilienhausgebiets

Im Hinblick auf die Wegeanzahl unterscheiden sich die ‚typischen' Bewohner des Mehrfamilienhausgebiets signifikant von ihrer Vergleichsgruppe: Sie haben am Stichtag 3,0 Wege unternommen, wohingegen die Personen der Vergleichsgruppe 3,7 Wege zurückgelegt haben. Die am Tag zurückgelegte Strecke unterscheidet sich zwischen den beiden Gruppen nicht voneinander und beträgt 26 Kilometer. Bezüglich der Verkehrsmittelnutzung ergeben sich grundlegende Unterschiede (Abbildung 19). Die Bewohner des Mehrfamilienhausgebiets haben 25% der Wege zu Fuß zurückgelegt, wohingegen die Vergleichsgruppe auf 34% der Wege zu Fuß gegangen ist. Zudem nutzt die innerstädtische Vergleichsgruppe das Fahrrad doppelt so häufig wie die Bewohner des Mehrfamilienhausgebiets. Damit haben die Bewohner des Mehrfamilienhausgebiets deutlich seltener nicht-motorisierte Verkehrsmittel am Stichtag genutzt. Stattdessen sind die Bewohner des Mehrfamilienhausgebiets deutlich häufiger mit öffentlichen Verkehrsmitteln (33%) und mit dem Auto (32%) gefahren. Die innerstädtische Vergleichsgruppe hat 22% der Wege mit dem ÖPNV und 24% der Wege mit dem Pkw zurückgelegt.

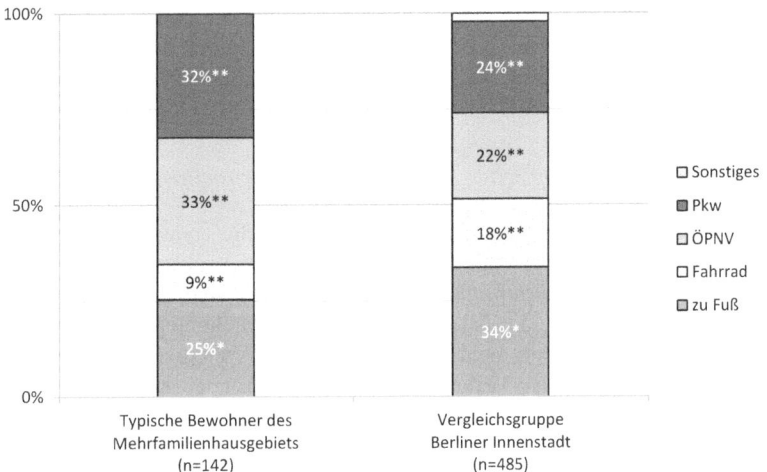

* Signifikanz-Niveau von 0,05

** Signifikanz-Niveau von 0,01

Abbildung 19: Modal Split (Verkehrsaufkommen) der ‚typischen' Bewohner des Mehrfamilienhausgebiets und der innerstädtischen Vergleichsgruppe. (Eigene Darstellung, Daten: Eigene Erhebung Wohn- und Alltagsmobilität 2012, Mobilität in Städten – SrV 2008, Stichprobe Berlin, Senatsverwaltung für Stadtentwicklung und Umwelt Berlin, Abteilung Verkehr; ohne Gewichtung)

6.3 Zusammenfassung

Die Charakterisierung der Bewohner des Untersuchungsgebiets zeigt, dass insgesamt ein selektiver Zuzug von gut ausgebildeten Personen mittleren Alters mit hohen Einkommen stattgefunden hat. Dabei ergeben sich auch zwischen den Bewohnern des Reihenhausgebiets und des Mehrfamilienhausgebiets Unterschiede im Hinblick auf soziodemographische Merkmale. Besonders deutlich wird dies bei der Haushaltszusammensetzung: Demnach wählen vor allem Familien das Reihenhausgebiet als Wohnstandort aus, wohingegen im Mehrfamilienhausgebiet überwiegend Paarhaushalte sowie Ein-Personen-Haushalte leben. Weiterhin stehen den Bewohnern des Untersuchungsgebiets vielfältige Mobilitätsressourcen zur Verfügung. Dabei fällt insbesondere der überdurchschnittlich hohe Pkw-Besitz auf. Insgesamt ist in den Haushalten des Untersuchungsgebiets fast doppelt so häufig mindestens ein Pkw vorhanden wie in den Haushalten der Berliner Innenstadt.

Zudem unterscheiden sich die Bewohner des Untersuchungsgebiets in ihrem Mobilitätsverhalten vom Durchschnitt der Berliner Innenstadt. Die Bewohner am Alten Schlachthof legen im Vergleich zu den übrigen Innenstadtbewohnern mehr und längere Wege am Tag zurück. Trotz des überdurchschnittlich hohen Pkw-Besitzes, nutzen die Bewohner des Reihenhausgebiets verhältnismäßig selten das Auto und legen stattdessen viele Wege mit dem Fahrrad zurück. Die Verkehrs-mittelnutzung der Bewohner des Mehrfamilienhausgebiets ist hingegen stark durch die Nutzung öffentlicher Verkehrsmittel geprägt und der Pkw spielt hier eine größere Rolle als bei den Bewohnern des Reihenhausgebiets. Da sich die Bewohnerstruktur am Alten Schlachthof von der innerstädtischen Bevölkerung unterscheidet, stellt sich folglich die Frage, ob die Unterschiede im Mobilitäts-verhalten auch weitgehend unabhängig von soziodemographischen Merkmalen bestehen. Durch die Auswahl von entsprechenden innerstädtischen Vergleichs-gruppen, die hinsichtlich soziodemographischer Merkmale weitgehend mit den Bewohnern des Reihenhausgebiets bzw. des Mehrfamilienhausgebiets überein-stimmen, können soziodemographische Einflüsse kontrolliert werden. Auch bei dieser Vorgehensweise zeichnen sich insbesondere die identifizierten Unter-schiede in der Verkehrsmittelnutzung weiterhin ab. Somit können die geringere Pkw-Nutzung und die häufige Fahrradnutzung der Bewohner des Reihenhausge-biets einerseits und die vergleichsweise hohen Nutzungsanteile öffentlicher Ver-kehrsmittel und des Pkws der Bewohner des Mehrfamilienhausgebiets anderer-seits nicht auf soziodemographische Merkmale zurückgeführt werden.

7 Wohnmobilität

Im Folgenden geht es um den Prozess der Wohnmobilität der Bewohner des Untersuchungsgebiets. Dazu werden der vorherige Wohnstandort und die Auslöser des Wohnstandortwechsels dargestellt (Kap. 7.1). Weiterhin wird untersucht, welche alternativen Wohnstandorte für die Bewohner in Frage kamen, welche Anforderungen sie an den neuen Wohnstandort gestellt haben (Kap. 7.2) und wie zufrieden sie aktuell damit sind (Kap. 7.3). Abschließend wird analysiert, inwiefern die Bewohner am Alten Schlachthof - trotz der homogenen Bewohnerstruktur - unterschiedliche Präferenzen bei der Wohnstandortwahl hatten und inwiefern sich charakteristische Gruppen identifizieren lassen (Kap. 7.4 und 7.5).

7.1 Vorheriger Wohnstandort und Anlass des Umzugs

Da das Wohngebiet am Alten Schlachthof neu entstanden ist und die Bautätigkeiten weiterhin andauern, hat die Bewohnerschaft eine dementsprechend kurze Wohndauer: Insgesamt lebt der Großteil der Bewohner des Reihenhausgebiets (98%) zum Zeitpunkt der Erhebung seit maximal fünf Jahren am Alten Schlachthof. Die Bewohner des Mehrfamilienhausgebiets haben durchschnittlich eine etwas längere Wohndauer, hier leben 72% der Befragten zum Zeitpunkt der Erhebung seit maximal fünf Jahren am Alten Schlachthof.

Die Annahme, dass die Bevölkerung im Kontext der Reurbanisierung vom Stadtrand oder Umland in die innerstädtischen Gebiete zieht, trifft zumindest für die Bewohner am Alten Schlachthof nicht zu. Hier hat der Großteil der Befragten bereits vor dem Umzug im Innenstadtbereich gewohnt (Abbildung 20). Interessanterweise sind insbesondere die befragten Personen des Reihenausgebiets zu 75% aus den innerstädtischen Gebieten (v.a. aus den angrenzenden Stadtteilen Friedrichshain und Prenzlauer Berg) an den Alten Schlachthof gezogen. Nur 11% haben vorher in den randstädtischen Gebieten Berlins gewohnt. Darüber hinaus sind 15% aus einer anderen Stadt in Deutschland bzw. aus dem Ausland an den Alten Schlachthof gezogen. Im Mehrfamilienhausgebiet haben vor dem Umzug an den Alten Schlachthof 57% in den innerstädtischen Gebieten gewohnt und der Anteil der Befragten, die vom Berliner Stadtrand zugezogen sind, ist doppelt so hoch (22%) wie im Reihenhausgebiet. Zudem haben 20% der Bewohner des Mehrfamilienhausgebiets vor dem Umzug in einer anderen Stadt in Deutschland

oder im Ausland gelebt. Somit zeigt sich, dass das Neubaugebiet in erster Linie
ein Anziehungspunkt für Bewohner anderer innerstädtischer Gebiete Berlins ist,
aus dem Umland sind kaum Haushalte zugezogen.

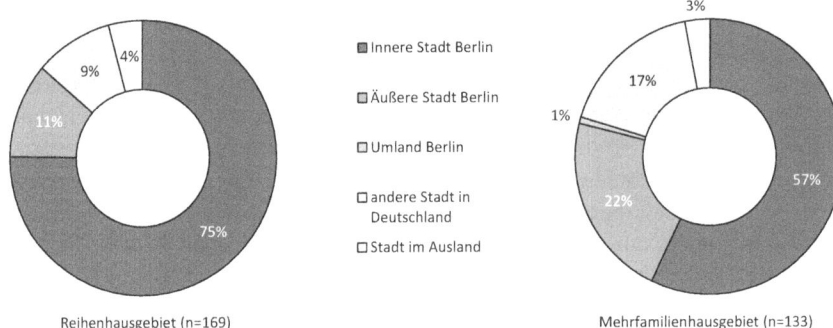

Reihenhausgebiet (n=169)   Mehrfamilienhausgebiet (n=133)

Abbildung 20: Vorheriger Wohnstandort[8] der Bewohner am Alten Schlachthof. (Eigene Darstellung,
Daten: Eigene Erhebung Wohn- und Alltagsmobilität 2012)

Umzüge sind mit komplexen Entscheidungen verbunden. Häufig werden sie
durch Veränderungen auf der individuellen Ebene (Familiengründung, neuer Arbeitsplatz etc.) ausgelöst und hängen mit den strukturellen Rahmenbedingungen
der aktuellen Wohnung und des Wohnumfelds zusammen. Zusätzlich handelt es
sich bei Umzügen meist um Haushaltsentscheidungen, bei denen mehrere Haushaltsmitglieder mit ihren individuellen Voraussetzungen und Bedürfnissen invol-
viert sind. Somit ist es schwierig einen einzelnen Anlass für einen Umzug zu be-
nennen, da häufig mehrere Auslöser zusammenkommen und sich zum Teil gegenseitig bedingen. Um daher die Fülle möglicher Wanderungsanlässe zu be-
leuchten, wurde im Fragebogen die Möglichkeit gegeben, mehrere Gründe anzu-
geben. Durchschnittlich wurden 2,5 der 5 vorgegebenen Gründe angekreuzt, wobei die Bewohner des Reihenhausgebiets mehr Gründe nennen als die Bewohner
des Mehrfamilienhausgebiets.

Abbildung 21 stellt die Auslöser für den Umzug dar. Der Großteil der Bewohner des Reihenhausgebiets (76%) gibt an, dass sie umgezogen seien, weil sie
eine Wohnung bzw. ein Haus kaufen wollten und weil sie mit den vorherigen
Wohnverhältnissen nicht (mehr) zufrieden waren (75%). Das führen sie insbesondere darauf zurück, dass die vorherige Wohnung zu klein war (58%), keinen

---

8   Zur Abgrenzung der inneren und äußeren Stadt Berlins siehe Abbildung 10.

Garten hatte (36%) oder ungünstig geschnitten war (22%). Für zwei Drittel der Bewohner des Mehrfamilienhausgebiets waren die vorherigen Wohnverhältnisse ebenfalls entscheidend für ihren Umzug. Sie empfanden die vorherige Wohnung oftmals als zu klein (39%), minderwertig oder unkomfortabel ausgestattet (13%). Einigen unter den Befragten war ihre vorherige Wohnung auch zu groß (10%). Der Kauf einer Wohnung spielte hier keine wesentliche Rolle; nur 8% hatten bei ihrem Umzug die Intention, eine Wohnung zu erwerben.

Familiäre und persönliche Gründe werden jeweils von 59% der Befragten beider Gebiete als Umzugsgrund benannt. Dies lässt sich in erster Linie auf die Phase der Familiengründung zurückführen: Im Reihenhausgebiet sind die Befragten umgezogen, weil sie ein Kind bekommen haben (42%) und/ oder mit dem Partner zusammenziehen wollten (15%). Diese Veränderungen in der Haushaltszusammensetzung erklären auch den Wunsch nach einer größeren Wohnung und einem Garten. Die Bewohner des Mehrfamilienhausgebiets geben auch – allerdings etwas seltener - an, dass sie nach einer neuen Wohnung gesucht haben, weil sie ein Kind erwartet haben (17%). Zudem wollten sie mit dem Partner zusammenziehen (16%) und näher bei Freunden oder Verwandten wohnen (13%).

Über 40% der Bewohner beider Gebiete geben an, dass Mängel im vorherigen Wohnumfeld ebenfalls eine Rolle für den Umzug gespielt haben. Davon geben die Befragten beider Gebiete am häufigsten an, dass sie sich durch Lärm im Wohnumfeld gestört fühlten. Die Bewohner des Reihenhausgebiets bemängeln zudem, dass es vorher zu wenig Pkw-Parkmöglichkeiten (15%) und zu wenig Spiel- und Freizeitmöglichkeiten für Kinder (15%) gab. Die Bewohner des Mehrfamilienhausgebiets waren hingegen mit Schmutz (12%) und einer schlechten Anbindung an den ÖPNV (9%) unzufrieden. Da der Großteil der Bewohner vor dem Umzug in der näheren Umgebung gewohnt und die Suche nach einer neuen Wohnung auf die umliegenden Stadtteile beschränkt hat, kann dennoch von einer grundsätzlichen Zufriedenheit mit dem Stadtteil ausgegangen werden, auch wenn das direkte Wohnumfeld am vorherigen Standort nicht (mehr) zufriedenstellend war.

Beruflich bedingte Umzüge spielen eine geringere Rolle für die Bewohner am Alten Schlachthof. Ein Viertel der Befragten des Reihenhausgebiets und knapp ein Drittel der Befragten des Mehrfamilienhausgebiets nennen berufliche Veränderungen als Anlass für den Umzug. In beiden Gebieten führen die Befragten dabei am häufigsten einen neuen Arbeitsplatz (12% bzw. 15%) als Auslöser für den Umzug an. Etwas seltener sind die Befragten umgezogen, um näher am Arbeitsplatz zu wohnen (8% bzw. 10%).

Insgesamt zeigt sich damit, dass – charakteristisch für intraregionale Wanderungen – insbesondere Aspekte der vorherigen Wohnung und familiäre bzw. persönliche Gründe eine Rolle für die Umzugsentscheidung gespielt haben. Mobili-

tätsbezogene Merkmale waren für den Anlass des Umzugs weniger ausschlaggebend, dennoch werden fehlende Pkw-Parkmöglichkeiten und eine schlechte Anbindung an den ÖPNV am vorherigen Wohnstandort bemängelt.

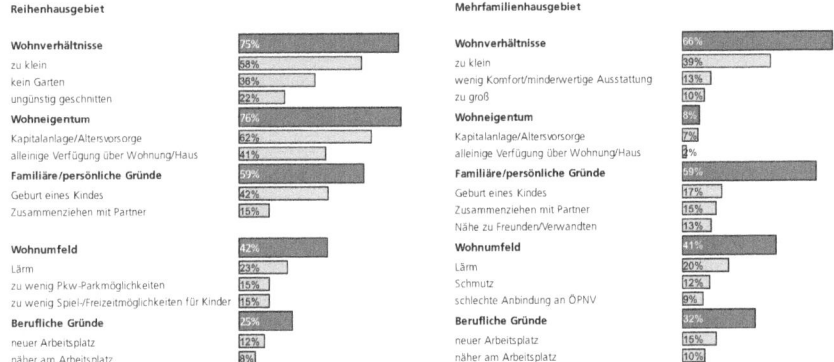

Abbildung 21: Anlass des Umzugs der Bewohner am Alten Schlachthof (Mehrfachnennungen möglich). Die detaillierten Umzugsanlässe (helle Balken) geben maximal die ersten drei Anlässe wieder,
die überdurchschnittlich häufig genannt wurden. (Eigene Darstellung, Daten: Eigene Erhebung
Wohn- und Alltagsmobilität 2012)

7.2 Suchräume und Anforderungen an den neuen Wohnstandort

Im Rahmen der Wohnungssuche haben sich die Bewohner am Alten Schlachthof
auf die innerstädtischen Gebiete konzentriert (Tabelle 11). Etwas mehr als die
Hälfte der Bewohner des Reihenhausgebiets gibt an, nur in der inneren Stadt
nach einer neuen Wohnung gesucht zu haben, davon haben sich 23% auf den Alten Schlachthof als Wohnstandort beschränkt. Die Bewohner des Mehrfamilienhausgebiets haben sich bei ihrer Wohnungssuche noch stärker auf die innerstädtischen Gebiete festgelegt: 71% der Befragten haben ausschließlich die innere
Stadt als neuen Wohnstandort in Betracht gezogen, wovon sich 32% direkt auf
den Alten Schlachthof festgelegt haben.

Etwa ein Viertel der Bewohner des Reihenhausgebiets und 22% der Bewohner des Mehrfamilienhausgebiets haben im gesamten Stadtgebiet nach einer
Wohnung gesucht. Für 12% der Bewohner des Reihenhausgebiets kam neben
dem Alten Schlachthof die äußere Stadt in Frage. Deutlich seltener haben sich
die Bewohner des Mehrfamilienhausgebiets auf die äußeren Gebiete als potenziellen Wohnstandort konzentriert: Nur 5% der Befragten haben neben dem Alten
Schlachthof auch in den randstädtischen Gebieten nach einer Wohnung gesucht

und weniger als 1% hat die äußere Stadt und das Umland als neuen Wohnstandort in Betracht gezogen. Die Bewohner des Reihenhausgebiets hatten hingegen einen größeren Suchradius: Sie haben neben dem Alten Schlachthof auch häufiger das Umland als neuen Wohnstandort in Erwägung gezogen.

Insgesamt zeigt sich, dass der Fokus der Standortsuche sowohl bei den Bewohnern des Reihenhausgebiets als auch bei den Bewohnern des Mehrfamilienhausgebiets eindeutig auf der inneren Stadt lag. Die Bewohner des Reihenhausgebiets haben dabei insgesamt mehr alternative Wohnstandorte als auch solche mit einer leichten Tendenz zur äußeren Stadt bzw. zum Umland in Betracht gezogen als die Bewohner des Mehrfamilienhausgebiets.

Tabelle 11: Suchräume der Bewohner am Alten Schlachthof. (Eigene Darstellung, Daten: Eigene Erhebung Wohn- und Alltagsmobilität 2012)

	Reihenhausgebiet	Mehrfamilienhausgebiet
Innere Stadt	33%	40%
Ausschließlich am Alten Schlachthof	23%	32%
Innere und äußere Stadt	24%	22%
Äußere Stadt	12%	5%
Innere Stadt, äußere Stadt und Umland	2,3%	-
Umland	1,7%	-
Innere Stadt und Umland	1,2%	-
Äußere Stadt und Umland	1,2%	0,7%
Innere Stadt und Sonstiges	0,6%	-
Sonstiges	0,6%	0,7%
n	172	136

Welche konkreten Anforderungen die Bewohner damals an den neuen Wohnstandort gestellt haben, wird in Abbildung 22 (S. 96) dargestellt. Auf einer Likert-Skala von 1 bis 5 sollten die Befragten angeben, wie relevant verschiedene Eigenschaften bezüglich Erreichbarkeiten, Wohnumfeld und Wohnung für sie bei der Wohnstandortsuche waren. Insgesamt zeigt sich hier, dass sowohl für die Bewohner des Reihenhausgebiets als auch für die Bewohner des Mehrfamilienhausgebiets die Anbindung an öffentliche Verkehrsmittel das wichtigste Kriterium im Rahmen der Wohnstandortwahl war. Auch die zentrale Lage des Wohngebiets hat für die Befragten eine wesentliche Rolle gespielt, dabei war es für die Bewohner des Reihenhausgebiets noch wichtiger als für die Bewohner des Mehrfamilienhausgebiets. Neben diesen erreichbarkeitsbezogenen Kriterien haben die Bewohner des Reihenhausgebiets besonderen Wert auf die Merkmale der Wohnung gelegt: Eine gut geschnittene und größere Wohnung sowie einen eigenen Garten zu haben, zählten für sie zu den fünf wichtigsten Kriterien bei der Wohnstandortentscheidung. Für die Bewohner des Mehrfamilienhausgebiets war ebenfalls die Anforderung einer gut geschnittenen Wohnung unter den fünf wichtigsten Kriterien, zudem haben sie im Vergleich zu den Bewohnern des Reihenhausgebiets größeren Wert auf ein sauberes und ruhiges Wohnumfeld gelegt.

Weiterhin zeigt sich, dass die Bewohner des Reihenhausgebiets insgesamt mehr Anforderungen an den neuen Wohnstandort gestellt haben als die Bewohner des Mehrfamilienhausgebiets. Beispielsweise war für sie die Nutzungsmischung mit Einkaufsmöglichkeiten, Cafés, Restaurants und Kultur-/ Freizeiteinrichtungen von besonderer Bedeutung. Gleichzeitig waren sie auf der Suche nach einem kinderfreundlichen Wohnumfeld mit Parks und Grünflächen, das kurze Wege zu Schulen und Betreuungseinrichtungen ermöglicht. Ein Haus mit Garten zu haben, Eigentum zu erwerben und die Wohnung nach den eigenen Vorstellungen zu gestalten, waren darüber hinaus weitere relevante Kriterien. Dass die Bedürfnisse von Kindern in besonderem Maße in die Wohnstandortentscheidung einbezogen wurden, lässt sich auch darauf zurückführen, dass sich der Großteil der Befragten aus Familienhaushalten mit kleinen Kindern zusammensetzt und die Geburt eines Kindes häufig als Auslöser für den Umzug genannt wurde. Ein kinderfreundliches Wohnumfeld war den Bewohnern des Mehrfamilienhausgebiets hingegen weniger wichtig, stattdessen haben sie bei der Wohnstandortsuche vor allem auf ein sicheres, sauberes und ruhiges Wohnumfeld mit Parks und Grünflächen geachtet. Einen eigenen Garten zu haben oder in ein Einfamilienhaus zu ziehen, hatte für die Bewohner des Mehrfamilienhausgebiets keine wesentliche Bedeutung.

Insgesamt zeigt sich sowohl bei den Bewohnern des Reihenhausgebiets als auch bei den Bewohnern des Mehrfamilienhausgebiets, dass Erreichbarkeitskriterien eine wichtige Rolle bei der Wohnstandortwahl gespielt haben. Die Anbindung an öffentliche Verkehrsmittel ist dabei das zentrale Kriterium für die Wohnstandortwahl gewesen, aber auch eine zentrale Lage in der Stadt, die stellvertretend für gute Erreichbarkeiten täglicher Aktivitäten steht, wurde als sehr wichtig bewertet. Dabei hatten die Bewohner speziell die Nähe zum Arbeits-/ Ausbildungsplatz und zu Einkaufsmöglichkeiten im Blick. Die Nähe zu Freunden oder Verwandten war für die Bewohner hingegen weniger wichtig. Dies könnte zum einen dadurch begründet sein, dass die Entfernung zu Freunden und Verwandten durch einen guten ÖPNV-Anschluss kompensiert werden kann und zum anderen, dass Besuche des Freundeskreises aufgrund von Erwerbstätigkeit und familiären Verpflichtungen seltener stattfinden und somit bei der Wohnstandortsuche weniger Beachtung finden. Obwohl die Anbindung an öffentliche Verkehrsmittel bei der Wohnstandortwahl als besonders relevant bewertet wurde, haben die Bewohner beider Gebiete zusätzlich auch auf eine gute Ausstattung mit Pkw-Parkmöglichkeiten Wert gelegt. Dies lässt sich vermutlich durch den überdurchschnittlich hohen Pkw-Besitz begründen.

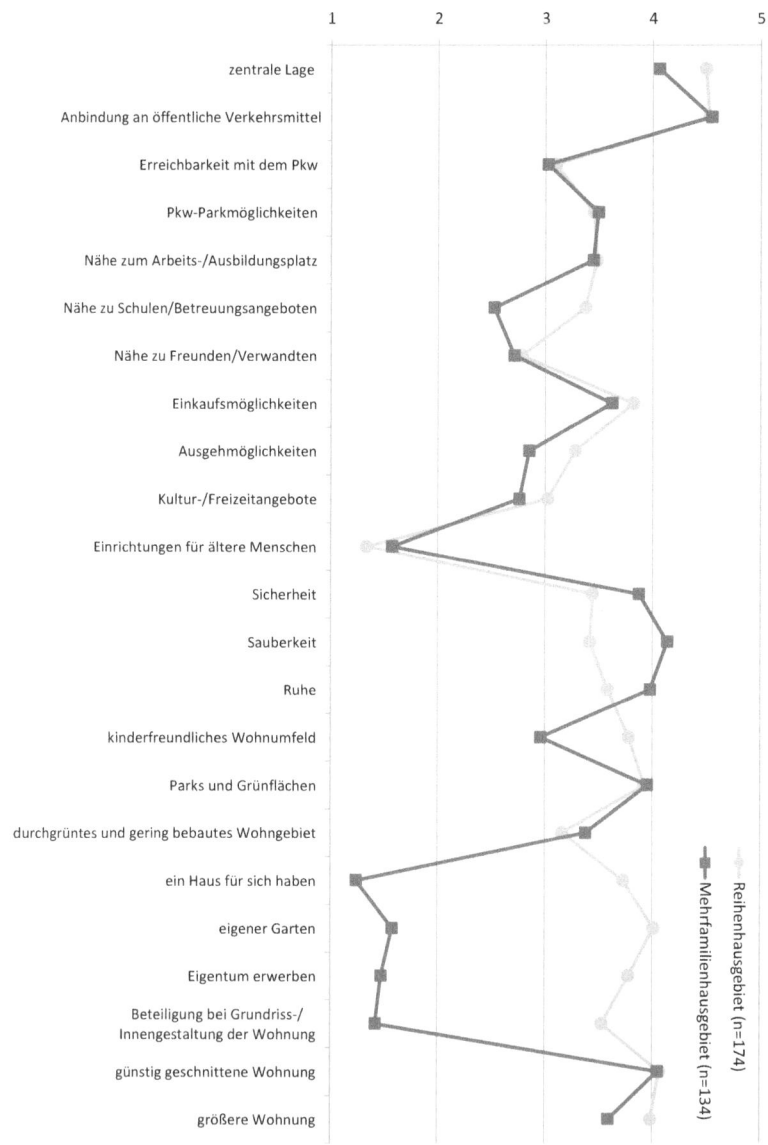

Abbildung 22: Anforderungen der Bewohner am Alten Schlachthof bei der Wohnstandortentscheidung. Skala von 1-5 (1=nicht wichtig, 5=sehr wichtig). (Eigene Darstellung, Daten: Eigene Erhebung
Wohn- und Alltagsmobilität 2012)

7.3 Zufriedenheit am Wohnstandort

Inwiefern die Anforderungen an den Wohnstandort erfüllt wurden und wie zufrieden die Bewohner heute damit sind, wird im Folgenden dargestellt. Insgesamt zeigt sich eine hohe Zufriedenheit mit der Wohnung, insbesondere bei den Bewohnern des Reihenhausgebiets (Abbildung 23): 74% geben an, sehr zufrieden zu sein und weitere 22% sind zufrieden. Im Mehrfamilienhausgebiet sind 46% der Bewohner sehr zufrieden und 44% geben an, zufrieden zu sein. Diese Unterschiede lassen sich vermutlich zum einen darauf zurückführen, dass ein innerstädtisches Reihenhaus im Vergleich zu anderen Wohnungstypen besondere Vorteile bietet (z.B. Privatheit, Garten in zentraler Lage) und der Großteil der Bewohner des Reihenhausgebiets Eigentum erworben hat. Da die Kaufentscheidung für eine Immobilie prinzipiell sorgfältiger getroffen wird als die Entscheidung eine Wohnung zu mieten, kann somit auch von einer größeren Zufriedenheit ausgegangen werden. Zum anderen liegt der Umzug bei den Bewohnern des Reihenhausgebiets durchschnittlich etwas kürzer zurück, sodass sich die Anforderungen an die Wohnung seit dem Umzug vermutlich noch nicht wesentlich verändert haben und somit eine größere Zufriedenheit besteht.

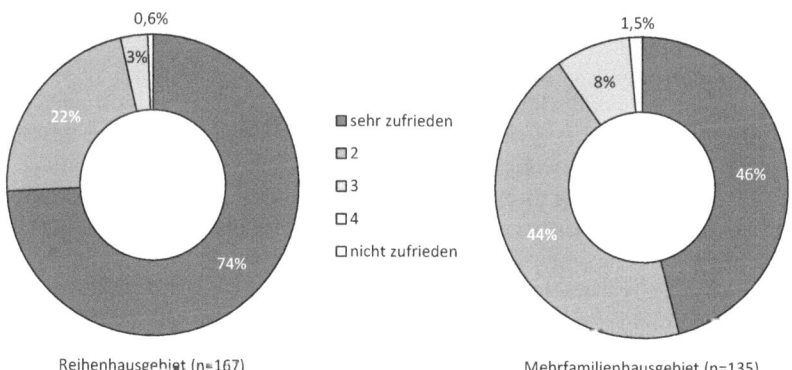

Abbildung 23: Allgemeine Zufriedenheit mit der Wohnung am Alten Schlachthof. (Eigene Darstellung, Daten: Eigene Erhebung Wohn- und Alltagsmobilität 2012)

Mit dem Wohnumfeld sind die Befragten etwas weniger zufrieden als mit der Wohnung, dennoch ist auch hier eine insgesamt hohe Zufriedenheit erkennbar (Abbildung 24). Mehr als die Hälfte der Bewohner des Reihenhausgebiets gibt an, sehr zufrieden mit dem Wohnumfeld zu sein, weitere 40% sind zufrieden. Im Mehrfamilienhausgebiet sind knapp ein Drittel der Befragten sehr zufrieden und

54% sind mit ihrem Wohnumfeld zufrieden. Die insgesamt hohe Zufriedenheit mit dem Wohnstandort, lässt sich auch daran ablesen, dass 96% der Bewohner des Reihenhausgebiets innerhalb der nächsten sechs Monate nicht umziehen wollen. Im Mehrfamilienhausgebiet haben allerdings nur 75% der Bewohner keine konkreten Umzugspläne für das nächste halbe Jahr.

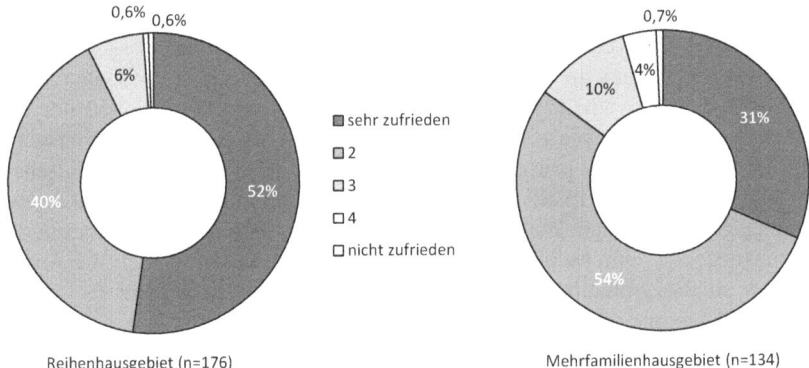

Abbildung 24: Allgemeine Zufriedenheit mit dem Wohnumfeld am Alten Schlachthof. (Eigene Darstellung, Daten: Eigene Erhebung Wohn- und Alltagsmobilität 2012)

Um festzustellen, womit die Bewohner zufrieden bzw. weniger zufrieden sind, wird in Abbildung 25 die Zufriedenheit mit ausgewählten Merkmalen des Wohnumfelds dargestellt. Bewohner, denen bei der Wohnstandortentscheidung die Eigenschaften Anbindung an öffentliche Verkehrsmittel, Erreichbarkeit mit dem Pkw, Einkaufsmöglichkeiten und kinderfreundliches Wohnumfeld ‚wichtig' oder ‚sehr wichtig' waren, sind insgesamt auch sehr zufrieden damit. Auch hier finden sich jedoch die oben beschriebenen Unterschiede in der Zufriedenheit zwischen den Bewohnern des Reihenhaus- und des Mehrfamilienhausgebiets wieder. Die Bewohner des Reihenhausgebiets sind mit den dargestellten Merkmalen tendenziell zufriedener als die Bewohner des Mehrfamilienhausgebiets.

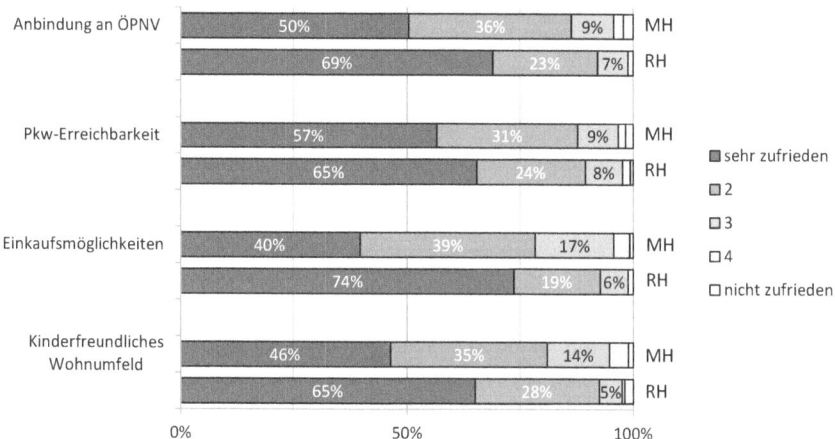

Abbildung 25: Zufriedenheit mit ausgewählten Eigenschaften des Wohnumfelds. Nur Personen, die diese Eigenschaften als ‚wichtig‘ bis ‚sehr wichtig‘ bei der Wohnstandortsuche bewertet hatten. (Eigene Darstellung, Daten: Eigene Erhebung Wohn- und Alltagsmobilität 2012)

Insgesamt schätzen die Bewohner die Lebensqualität im Wohnumfeld damit als sehr hoch ein. Dennoch lassen sich einige Merkmale identifizieren, mit denen die Bewohner unzufrieden sind. Dabei haben die Bewohner des Reihenhaus- und des Mehrfamilienhausgebiets unterschiedliche Sichtweisen auf die Nachteile des Wohnumfelds. Auf die Frage, womit sie unzufrieden sind, nennt der Großteil der Bewohner des Reihenhausgebiets, dass sie sich durch die meist nicht angeleinten Hunde in den Parks gestört fühlen. Obwohl im Blankensteinpark ein Hundeverbot besteht, wird dies nicht beachtet. Zudem beschweren sich die Bewohner des Reihenhausgebiets über Vandalismus im Wohngebiet. Im Hinblick auf die Verkehrssituation fühlen sich viele Bewohner vom Durchgangsverkehr gestört. Weiterhin bemängeln sie, dass der Straßenraum teilweise für die Belieferung der Geschäfte genutzt und blockiert wird, Ampeln und Überquerungsmöglichkeiten fehlen und verkehrsberuhigte Zonen missachtet werden. Dadurch wird der Schulweg für Kinder häufig als gefährlich empfunden. Außerdem würden sich die Bewohner des Reihenhausgebiets mehr Nutzungsmischung innerhalb des Wohngebiets wünschen. Eine kleinteilige Verteilung von Cafés, Restaurants und kleinen (auch hochwertigen) Geschäften (z.B. Bioladen, Bäcker, Boutiquen) fehlt derzeit im direkten Wohnumfeld.

Die Bewohner des Mehrfamilienhausgebiets bemängeln insbesondere, dass kleine Geschäfte, wie etwa Bäcker und Metzger, Cafés und (gehobene) Restaurants im Wohngebiet fehlen. Dadurch entsteht auch das Gefühl, dass in der un-

mittelbaren Wohnumgebung kein Leben herrscht und das Gebiet eher unpersön-
lich wirkt. Außerdem beobachten sie, dass viele Mietwohnungen in Eigentums-
wohnungen umgewandelt werden und sich dadurch die Atmosphäre des Umfelds
verändert und eine gewisse Unruhe durch den Wechsel der Bewohnerschaft entsteht. Weiterhin empfinden einige Bewohner des Mehrfamilienhausgebiets die
Erreichbarkeiten öffentlicher Verkehrsmittel als umständlich und zu weit, teilweise werden die Wege dorthin auch als unsicher erlebt. Wie die Bewohner des
Reihenhausgebiets fühlen auch sie sich durch die Hunde in den Parks gestört.
Außerdem spielt hier Lärm eine größere Rolle als im Reihenhausgebiet: Da die
Bewohner des Mehrfamilienhausgebiets durchschnittlich schon länger am Alten
Schlachthof wohnen und somit die Bautätigkeiten über einen längeren Zeitraum
mitbekommen haben, fühlen sie sich stärker durch den Baulärm beeinträchtigt.
Aufgrund der Nähe zu den S-Bahngleisen, fühlen sich zudem einige Bewohner
durch den Lärm der S-Bahnzüge gestört.

7.4 Identifizierung von Wohnpräferenzclustern

Im Folgenden geht es um die Frage, inwiefern sich die Bewohner am Alten
Schlachthof anhand ihrer Wohnstandortpräferenzen gruppieren lassen und welche Rolle dabei Merkmale der Wohnung, des Wohnumfelds und der Erreichbarkeiten spielen. Dafür wird zunächst eine Hauptkomponentenanalyse durchgeführt, um die vielfältigen Anforderungen bei der Wohnstandortsuche zu wesentlichen Komponenten zu verdichten. Anschließend werden die Komponenten genutzt, um Bewohnergruppen mit unterschiedlichen Wohnstandortpräferenzen
mithilfe einer Clusteranalyse zu identifizieren.

7.4.1 Hauptkomponentenanalyse - Verdichtete Wohnstandortpräferenzen

Anhand einer Likert-Skala von 1 (=nicht wichtig) bis 5 (=sehr wichtig) wurde
die Relevanz von 23 Eigenschaften des Wohnstandortes im Fragebogen erfasst.
Dabei sollten die Befragten einschätzen, wie wichtig ihnen damals bei der
Wohnstandortwahl verschiedene Merkmale der Wohnung, des Wohnumfelds und
der Erreichbarkeiten waren. Um die Befragten auf Basis dieser Bewertung mit
der Statistiksoftware SPSS zu gruppieren, wird zunächst die Anzahl der erfassten
Eigenschaften anhand einer Hauptkomponentenanalyse reduziert und zu voneinander unabhängigen Komponenten zusammengefasst (Schendera 2010: 19,
Backhaus et al. 2008: 350, Raykov/ Marcoulides 2008: 211).

Auswahl der Items

Welche Wohnstandortpräferenzen überhaupt miteinander korrelieren und sich dementsprechend zusammenfassen lassen, wird anhand einer Korrelationsmatrix der 23 Items geprüft. Sieben Items (zentrale Lage in der Stadt, Anbindung an den öffentlichen Nahverkehr, Nähe zum Arbeits-/ Ausbildungsplatz, Nähe zu Freunden, Einrichtungen für ältere Menschen, größere Wohnung, günstig geschnittene Wohnung) weisen sehr schwache Korrelationen auf (Field 2013: 685). Anhand weiterer Vorüberlegungen zeigt sich, dass diese Items zudem aufgrund geringer Varianz[9] und geringer Reliabilität[10] wenig aufschlussreich sind, um die Befragten anschließend zu gruppieren. Demnach werden diese sieben Variablen nicht in die Hauptkomponenten- und die darauf aufbauende Clusteranalyse einbezogen.

Durchführung der Hauptkomponentenanalyse

Die übrigen 16 Items werden einer Hauptkomponentenanalyse mit orthogonaler Rotation[11] (Varimax) unterzogen. Zunächst wird geprüft, inwiefern der Datensatz für die Analyse geeignet ist und welche Variablen in die Analyse einfließen sollten. In diesem Zusammenhang kommt der Kaiser-Meyer-Olkin-Koeffizient auf einen Wert von 0,70 und gibt an, dass der Datensatz für die Analyse geeignet ist (Brosius 2004: 782, Hutcheson/ Sofroniou 1999). Weiterhin weisen die MSA-Koeffizienten (Measure of sampling adequacy) für die einzelnen Variablen Werte von 0,57 bis 0,8 auf, sodass die Variablen in die Analyse einfließen können (Backhaus 2006: 276f). Mit einem Eigenwert von jeweils größer als 1 (Kaiser's Kriterium) werden fünf Hauptkomponenten extrahiert, die zusammen 72% der

---

9 Die Items zentrale Lage, Anbindung an öffentliche Verkehrsmittel und Einrichtungen für ältere Menschen weisen insgesamt eine geringe Varianz auf. Da die Befragten diese Eigenschaften sehr ähnlich bewertet haben, lassen sie sich auf dieser Basis kaum in voneinander unterschiedliche Gruppen einteilen: Die zentrale Lage in der Stadt war für 87% der Befragten (sehr) wichtig bei der Wohnstandortwahl und die Anbindung an öffentliche Verkehrsmittel wurde fast einstimmig (92%) als (sehr) wichtig eingeschätzt. Wie aufgrund der durch Familien und eine mittlere Altersstruktur geprägten Bewohnerschaft zu vermuten ist, haben die Befragten hingegen keinen Wert (89%) auf Einrichtungen für ältere Menschen gelegt.

10 Bei einer ersten Variante der Hauptkomponentenanalyse haben die Items größere Wohnung und günstig geschnittene Wohnung unter Einbezug aller Variablen auf einer gemeinsamen Komponente geladen, allerdings hat sich diese Komponente im Rahmen der anschließenden Reliabilitätsanalyse als nicht konsistent erwiesen, da Cronbach's α deutlich unter dem empfohlenen Mindestwert von 0,7 lag.

11 Die orthogonale (unkorrelierte) Rotation bietet sich an, wenn die gebildeten Komponenten voneinander unabhängig sein sollen. Da dies eine Voraussetzung für die anschließende Clusteranalyse darstellt, wird die orthogonale Rotationsmethode ausgewählt. Darüber hinaus zeigte eine testweise durchgeführte Analyse mit obliquer (korrelierter) Rotation dieselbe Zuordnung der Items zu den Komponenten, sodass eine stabile Struktur in den Daten vorliegt.

Gesamtvarianz erklären. Bei einer graphischen Betrachtung des Scree-Plots scheint eine Extraktion von entweder zwei oder fünf Komponenten sinnvoll (Abbildung 26).

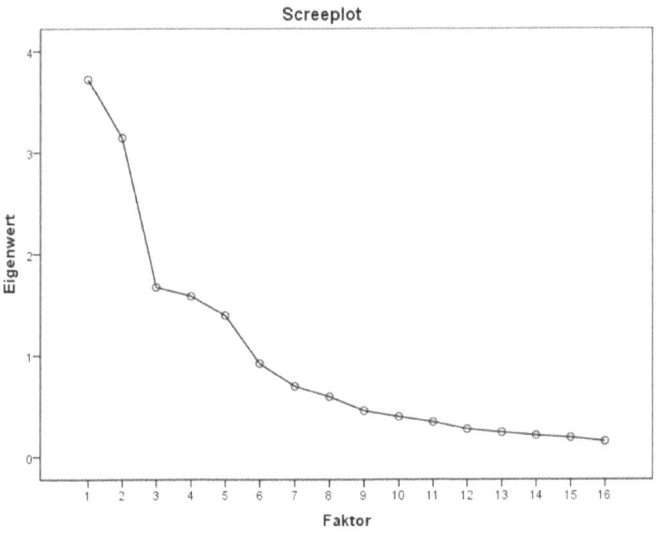

Abbildung 26: Screeplot der Hauptkomponentenanalyse. (Darstellung: SPSS Ausgabe, Daten: Eigene Erhebung Wohn- und Alltagsmobilität 2012)

Aufgrund der statistischen Ergebnisse und inhaltlicher Überlegungen wird schließlich eine Lösung mit fünf Hauptkomponenten gewählt. Diese Entscheidung wird durch eine gute Anpassung des Modells bestätigt: Liegen die durch das Modell reproduzierten und die beobachteten Koeffizienten nahe beieinander, ergeben sich geringe Residuen. Dies bedeutet, dass die extrahierten Komponenten gut geeignet sind, um die beobachteten Items zu erklären. Da in der vorliegenden Analyse nur 34 nicht redundante Residuen (entspricht 28%) mit absoluten Werten größer 0,05 vorliegen, gibt das Modell eine gute Anpassung wieder (Field 2013: 700).

Ergebnisse der Hauptkomponentenanalyse

Tabelle 12 stellt die Ladungen nach der Rotation und die Zuordnung der einzelnen Items zu den Komponenten dar. Ladungswerte ≥ 0,4 – also Werte, die zur inhaltlichen Beschreibung der Komponente beitragen – sind grau hinterlegt und fett gedruckt.

Tabelle 12: Rotierte Komponentenmatrix der Wohnstandortpräferenzen. (Eigene Darstellung, Daten: Eigene Erhebung Wohn- und Alltagsmobilität 2012)

Item	Komponente				
	Privatheit und Eigentum	Gepflegtes Umfeld	Kindgerechtes Umfeld	Nutzungs- mischung	Pkw- Infrastruktur
Eigentum erwerben	**,890**	-,158	,028	,068	,016
Ein Haus für sich haben	**,889**	-,021	,146	,070	,067
Beteiligung bei Grundriss-/ Innengestaltung der Wohnung	**,853**	-,026	-,004	,104	,008
Eigener Garten	**,830**	-,028	,276	,061	-,011
Sauberkeit	-,161	**,845**	-,045	,012	,143
Sicherheit	-,002	**,780**	-,013	,146	,137
Ruhe	-,043	**,764**	,016	-,075	-,048
Durchgrüntes und gering bebautes Wohngebiet	-,019	**,538**	,298	-,035	,052
Kinderfreundliches Wohnumfeld	,186	,129	**,875**	,048	-,001
Nähe zu Schulen/ Betreuungsangeboten	,205	-,046	**,856**	,087	,025
Parks und Grünflächen	-,070	**,523**	**,533**	,171	,126
Ausgehmöglichkeiten (z.B. Cafés, Restaurants, Kneipen)	,097	-,047	,053	**,868**	,081
Kultur-/ Freizeitangebote	,081	-,095	,176	**,846**	,081
Einkaufsmöglichkeiten	,101	,353	-,040	**,634**	-,111
Erreichbarkeit mit dem Pkw	,046	,074	,053	,061	**,911**
Pkw-Parkmöglichkeiten	,020	,153	,015	,007	**,899**
Eigenwerte	3,14	2,68	2,01	1,97	1,73
% der Varianz	19,60	16,75	12,56	12,29	10,81

Extraktionsmethode: Hauptkomponentenanalyse.
Rotationsmethode: Varimax mit Kaiser-Normalisierung.
Die Rotation ist in 5 Iterationen konvergiert.

Die erste extrahierte Komponente gibt Eigenschaften der Wohnung wieder, die unter der Bezeichnung *Privatheit und Eigentum* zusammengefasst werden. In einem eigenen Haus zu leben, wird dabei mit dem Vorhandensein eines Gartens und der freien Gestaltung der eigenen vier Wände assoziiert. In diesem Zusammenhang steht auch der Erwerb von Eigentum. Die zweite Komponente repräsentiert Eigenschaften eines *gepflegten Umfelds*. Das Item *Parks und Grünflächen* lädt beinahe ähnlich hoch auf dieser Komponente wie auf der dritten Komponente *kindgerechtes Umfeld*. Das bedeutet, dass es sich nicht ganz eindeutig zu einer der beiden Komponenten zuordnen lässt und somit sowohl für ein *gepflegtes Umfeld* als auch für ein *kindgerechtes Umfeld* von Bedeutung ist. Da es etwas höher auf der Komponente des *kindgerechten Umfelds* lädt, wird es dieser Komponente zugeordnet. Die vierte Komponente fasst verschiedene Nutzungen im Wohnumfeld zusammen und repräsentiert somit die *Nutzungsmischung* im Gebiet. Hier fließen indirekt mobilitätsbezogene Aspekte ein, da die Nähe zu Versorgungsgelegenheiten und Freizeitangeboten auch maßgeblich das Mobilitätsverhalten beeinflussen. Die fünfte Komponente befasst sich mit der *Pkw-Infrastruktur* am Wohnstandort. Die Erreichbarkeit mit dem Pkw und das Angebot an Pkw-Parkmöglichkeiten laden gemeinsam auf dieser Komponente.

Um die interne Konsistenz der extrahierten Komponenten zu prüfen, werden die auf einer Komponente ladenden Items zu Skalen zusammengefasst und anhand einer Reliabilitätsanalyse untersucht (Brosius 2004: 805). Dabei gibt der Wert Cronbach's α die Zuverlässigkeit der jeweiligen Skala an. Je höher Cronbach's α ist, desto konsistenter ist die Skala. Als Orientierung wird häufig ein Wert von 0,7 vorausgesetzt, damit die Skala als hinreichend zuverlässig angesehen werden kann (Brosius 2004: 810). Für die fünf identifizierten Komponenten ergeben sich Werte von 0,74 bis 0,9. Zusätzlich gibt der Trennschärfekoeffizient für die Komponenten *Privatheit und Eigentum* und *Pkw-Infrastruktur* an, dass sich alle Items zur Skalenbildung eignen, da sie eine hohe Korrelation mit der Gesamtskala aufweisen. Würde eines der Items ausgeschlossen werden, würde sich demzufolge die Konsistenz der Gesamtskala verschlechtern. Bei den Komponenten *gepflegtes Umfeld, kindgerechtes Umfeld* und *Nutzungsmischung* ist hingegen jeweils ein Item mit einem geringen Trennschärfekoeffizienten enthalten (Diekmann 2007: 244ff). Wie zu erwarten, handelt es sich dabei um die Items, die insgesamt geringer auf den Komponenten laden (durchgrüntes und gering bebautes Wohngebiet, Einkaufsmöglichkeiten) bzw. auf zwei Komponenten relativ stark laden (Parks und Grünflächen). Da sich bei Ausschluss des jeweiligen Items die Gesamtskala allerdings nur geringfügig verbessern würde, werden die Items aufgrund ihrer inhaltlichen Bedeutung für die Komponente beibehalten.

Um die Bewohner anhand der extrahierten Hauptkomponenten anschließend zu gruppieren, werden mithilfe einer multiplen Regression für jede Person im Datensatz Komponentenwerte berechnet. Die ursprünglichen Werte der jeweiligen Items und die Beziehung der Items zu den gebildeten Komponenten fließen somit in den Komponentenwert ein (Hatzinger/ Nagel 2009: 317). Analog zur Anzahl der Komponenten ergeben sich dadurch fünf neue standardisierte Variablen, die einen Mittelwert von 0 und eine Varianz von 1 haben.

7.4.2   Clusteranalyse – Gruppen mit homogenen Wohnstandortpräferenzen

Inwiefern sich die Bewohner am Alten Schlachthof anhand ihrer Wohnstandortpräferenzen gruppieren lassen, wird im Folgenden mithilfe der neu gebildeten Komponenten *Privatheit und Eigentum, gepflegtes Umfeld, kindgerechtes Umfeld, Nutzungsmischung,* und *Pkw-Infrastruktur* geprüft. Als exploratives Verfahren dient die Clusteranalyse dazu, Strukturen in den Daten zu entdecken und die Beobachtungen so zu gruppieren, dass sie möglichst ähnlich innerhalb eines Clusters (Intrahomogenität) und möglichst unähnlich zwischen den Clustern (Interheterogenität) sind. Um die bestmögliche Zusammenfassung der Bewohner zu homogenen Clustern zu erreichen, wird ein zweistufiges Verfahren angewendet (Janssen/ Laatz 2013: 492). Zunächst wird mithilfe der hierarchischen Clusteranalyse die optimale Anzahl der Cluster bestimmt. Da bei diesem agglomerativen Verfahren allerdings die einmal getroffene Zuordnung der Objekte zu den Clustern nicht verändert bzw. optimiert werden kann, kommt hier das zweite Verfahren zur Anwendung – die Clusterzentrenanalyse. Als partitionierendes Verfahren, bei dem zu Beginn die Anzahl der zu bildenden Cluster vorgegeben werden muss, optimiert die Clusterzentrenanalyse die Zuordnung der Objekte zu den Clustern.

Hierarchische Clusteranalyse – Bestimmung der optimalen Clusteranzahl

Zur Bestimmung der optimalen Clusteranzahl wird in einem ersten Schritt die hierarchische Clusteranalyse mit der Ward-Methode[12] in Kombination mit dem Heterogenitätsmaß der quadrierten euklidischen Distanz herangezogen (Hatzinger/ Nagel 2009: 327). Das Prinzip der hierarchischen Clusteranalyse unter Verwendung der Ward-Methode besteht darin, dass zunächst jedes Objekt ein eigen-

---

12 Das Ward'sche Verfahren verwendet ein Fusionskriterium, bei dem die Binnenvarianz minimal wächst und die Fälle relativ ausgewogen auf die Cluster relativ verteilt werden (Wiedenbeck/ Züll 2001: 9). Somit bietet sich dieses Verfahren für die vorliegenden Analysen an, um möglichst homogene Gruppen zu identifizieren.

ständiges Cluster darstellt. Die Objektpaare, die zum kleinsten Zuwachs des Heterogenitätsmaßes beitragen, werden zusammengefasst. Dabei werden die Objekte so zusammengefasst, dass die Streuung innerhalb des Clusters möglichst wenig erhöht wird (Backhaus et al. 2008: 420). Die Objekte bzw. Objektgruppen werden so lange nach diesem Prinzip zusammengefasst bis nur noch ein Cluster übrig bleibt (Hatzinger/ Nagel 2009: 328). Um in diesem Fusionierungsprozess zu bestimmen, wann eine Clusterlösung erreicht ist, die einerseits möglichst wenige Cluster aufweist und andererseits die Datenstruktur mit einem möglichst geringen Informationsverlust wiedergibt, liefert die hierarchische Clusteranalyse verschiedene Anhaltspunkte. Anhand der Entwicklung der Fehlerquadratsumme (Summe der quadrierten Abweichungen der Objekte vom Clusterzentrum) zeigt sich in Abhängigkeit der Clusteranzahl, dass die Fehlerquadratsumme bei dem Übergang einer Fünf-Cluster-Lösung zur Vier-Cluster-Lösung stärker ansteigt (Abbildung 27). Demnach bietet sich die Auswahl von fünf Clustern an (Elbow-Kriterium) (Backhaus et al. 2008: 430).

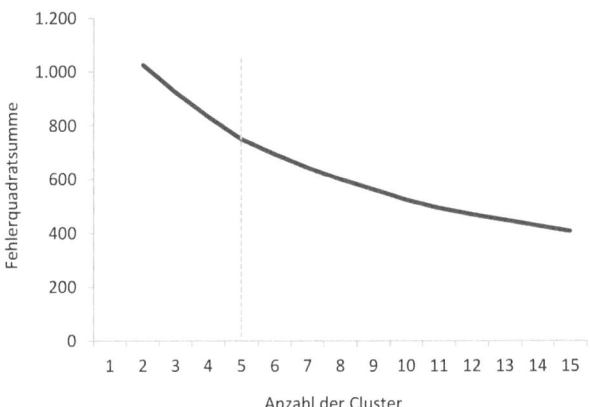

Abbildung 27: Entwicklung der Fehlerquadratsumme in Abhängigkeit der Anzahl der Cluster. (Eigene Darstellung, Daten: Eigene Erhebung Wohn- und Alltagsmobilität 2012)

Ergänzend ist in Abbildung 28 das Dendrogramm als graphischer Anhaltspunkt zur Bestimmung der Clusteranzahl dargestellt, das das Zusammenfassen der Fälle verdeutlicht. Die normierten Distanzwerte von 0 bis 25 zeigen, wie im Verlauf der agglomerativen Clusterung die Heterogenität zunimmt. Bei einer Lösung mit fünf Clustern, beträgt das Heterogenitätsmaß ungefähr acht und steigt mit jeder weiteren Zusammenfassung deutlich an. Aus dem Dendrogramm geht somit hervor, dass die Bildung von fünf Clustern die beste Variante darstellt.

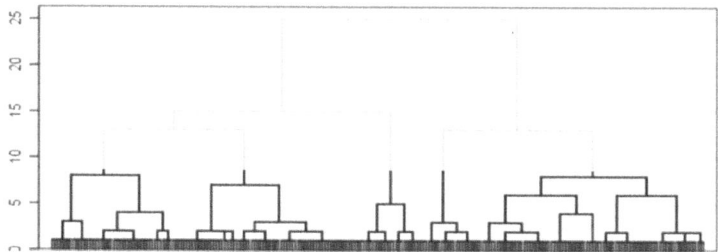

Abbildung 28: Dendrogramm der hierarchischen Clusteranalyse (Ward-Verfahren). (Darstellung: SPSS Ausgabe, Daten: Eigene Erhebung Wohn- und Alltagsmobilität 2012)

Clusterzentrenanalyse (k-means) – Optimale Zuordnung zu den Clustern

Da die einmal getroffene Gruppierung der Befragten anhand der hierarchischen Clusteranalyse nicht weiter optimiert werden kann, wird in einem zweiten Schritt die partitionierende Clusterzentrenanalyse (k-means) eingesetzt. Bei diesem Verfahren muss die Clusteranzahl vorgegeben werden, sodass hier auf die Ergebnisse der hierarchischen Clusteranalyse zurückgegriffen und eine maximale Anzahl von fünf Clustern festgelegt wird. Anhand eines Algorithmus optimiert die Clusterzentrenanalyse die Zuordnung der Objekte zu den Clustern, indem sie die Fälle so oft umsortiert, bis die optimale Intraclusterhomogenität erreicht ist (Janssen/ Laatz 2013: 492). In iterativen Schritten wird jeweils das Zentrum des Clusters berechnet und das Objekt, das die geringste quadrierte euklidische Distanz hierzu aufweist, dem Cluster zugeordnet (Schendera 2010: 118). Da die Lösungen von den Gruppierungen abhängen, mit denen der Algorithmus startet, kann es für einen Datensatz unterschiedliche Cluster-Varianten geben (Schendera 2010: 118, Wiedenbeck/ Züll 2001: 13). Um eine zufällige Gruppierung zu vermeiden, werden somit die in der hierarchischen Clusteranalyse generierten Clusterzentren als Startwerte vorgegeben (Wiedenbeck/ Züll 2001: 14).

Ergebnisse der Clusterzentrenanalyse

Um abschließend die Stabilität der finalen Clusterlösung zu prüfen, wird sie mit der Clusterlösung des Ward-Verfahrens verglichen (Wiedenbeck/ Züll 2001: 17). Tabelle 13 gibt dabei die Häufigkeitsverteilung der beiden Cluster-Varianten an und zeigt, dass insgesamt 16% der Fälle durch die Clusterzentrenanalyse in ein anderes Cluster verschoben wurden. Anhand des Maßes der Übereinstimmung (kappa) ergibt sich für den Vergleich der beiden Clusterlösungen ein Wert von 0,79, der eine hohe Kongruenz der Clusterlösungen angibt (Schendera 2010: 132ff). Somit liegt eine konsistente Zuordnung der Fälle zu den Clustern vor.

Tabelle 13: Clusterlösungen des Ward-Verfahrens und des k-means-Verfahrens im Vergleich. (Eigene Darstellung, Daten: Eigene Erhebung Wohn- und Alltagsmobilität 2012)

		k-means-Verfahren				
		Cluster 1	Cluster 2	Cluster 3	Cluster 4	Cluster 5
Ward-Verfahren	Cluster 1	19	1	-	-	-
	Cluster 2	3	67	6	4	2
	Cluster 3	-	-	21	1	1
	Cluster 4	7	1	2	57	4
	Cluster 5	3	-	-	4	38
Summe		32	69	29	66	45

Um eine Aussage über die Homogenität der Cluster zu treffen, kann der F-Wert herangezogen werden. Der F-Wert gibt die Streuung einer Variablen in einer Gruppe im Vergleich zur Streuung dieser Variablen in der Erhebungsgesamtheit an und sollte den Wert 1 nicht überschreiten, da die Variable somit eine größere Streuung in der Gruppe aufweisen würde als in der Erhebungsgesamtheit. Sind die F-Werte der jeweiligen Variablen kleiner als 1, ist ein Cluster als homogen anzusehen (Backhaus et al. 2013: 439). Aus Tabelle 14 geht hervor, dass die Komponenten *Gepflegtes Umfeld* im ersten und fünften Cluster, *Nutzungsmischung* im zweiten Cluster und *Privatheit und Eigentum* im dritten Cluster geringfügig Werte über 1 aufweisen. Die übrigen Cluster sind durch eine homogene Variablenstruktur gekennzeichnet.

Tabelle 14: F-Werte der fünf Hauptkomponenten. (Eigene Darstellung, Daten: Eigene Erhebung Wohn- und Alltagsmobilität 2012)

Hauptkomponenten	Cluster 1	Cluster 2	Cluster 3	Cluster 4	Cluster 5
Privatheit und Eigentum	0,58	0,10	**1,08**	0,25	0,34
Gepflegtes Umfeld	**1,12**	0,74	0,64	0,74	**1,01**
Kindgerechtes Umfeld	0,29	0,88	0,36	0,18	0,96
Nutzugsmischung	0,71	**1,02**	0,75	0,57	0,52
Pkw-Infrastruktur	0,28	0,41	0,77	0,46	0,65

7.5 Charakterisierung der Wohnpräferenzcluster

Um die fünf Cluster zu charakterisieren und festzustellen, inwiefern sie sich voneinander unterscheiden, werden die verschiedenen Gruppen anhand ihrer jeweiligen Ausprägungen der fünf Komponenten betrachtet: Positive Werte bedeuten, dass die Komponente in diesem Cluster überrepräsentiert ist, negative Werte stehen für eine unterdurchschnittliche Ausprägung. Zusätzlich werden Einstellungen zum Leben in der Stadt und soziodemographische Merkmale in den Blick genommen, um das Profil der Zielgruppen eines innerstädtischen Neubaugebiets zu schärfen.

7.5.1 Cluster 1 – Wohnen mit Kind

Das Cluster *Wohnen mit Kind* setzt sich aus 32 Personen zusammen, die bei der Wohnstandortwahl vor allem Wert auf ein kinderfreundliches Wohnumfeld gelegt haben. Andere Eigenschaften des Wohnstandortes waren für sie zweitrangig, insbesondere ein autogerechtes Wohnumfeld war nicht relevant (Abbildung 29). Ein kinderfreundliches Wohnumfeld bedeutet für die Personen des Clusters *Wohnen mit Kind*, dass Parks und Grünflächen im direkten Umfeld vorhanden sind und dass das Umfeld sicher ist. Um den Kindern einerseits Freiraum zu geben und andererseits den ohnehin komplexen Familien-Alltag organisieren zu können, sagen 97% der Personen des Clusters, dass es ihnen wichtig sei, die Kinder ohne Aufsicht draußen spielen zu lassen. Die Kinder in der Stadt alleine zur Schule oder zu Freizeiteinrichtungen gehen zu lassen, schätzen 46% als ungefährlich ein, wohingegen über ein Drittel hierin eine Gefahr für Kinder sieht. Dass die Bedürfnisse der Kinder bei der Wohnstandortentscheidung im Vordergrund standen, wird auch dadurch unterstrichen, dass immerhin über ein Viertel der Perso-

nen dieses Clusters zu bedenken gibt, ohne Kinder nicht an den Alten Schlachthof gezogen zu sein.

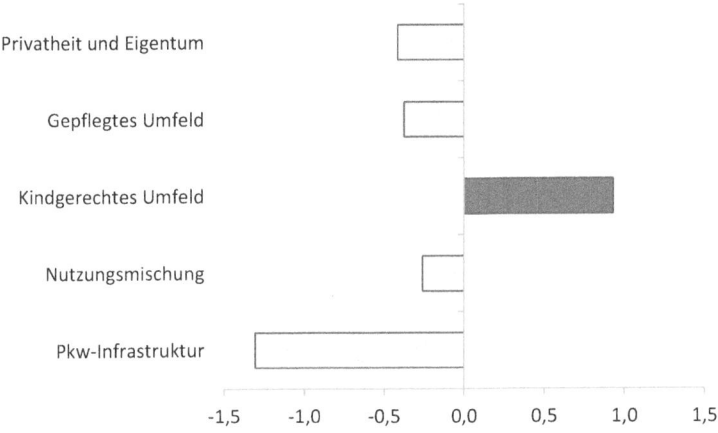

Abbildung 29: Ausprägungen der Wohnstandortpräferenzen (Mittelwerte der Hauptkomponenten) im
Cluster Wohnen mit Kind. (Eigene Darstellung, Daten: Eigene Erhebung Wohn- und Alltagsmobilität
2012)

Das Cluster *Wohnen mit Kind* setzt sich aus relativ jungen Personen zusammen,
wobei sich etwas mehr Männer als Frauen dem Cluster zuordnen lassen
(Abbildung 30). Die jüngste Person des Clusters ist 26 Jahre alt, die älteste Person ist 45 Jahre alt; das Durchschnittsalter liegt bei 38 Jahren. Fast alle Bewohner (91%) leben in einem Paarhaushalt mit kleinen Kindern. Die Personen des
Clusters *Wohnen mit Kind* verfügen über hohe Bildungs- und Berufsabschlüsse:
84% der Befragten haben ein Studium an einer Universität oder Fachhochschule
absolviert. Die Erwerbstätigenquote unter den unter 65-Jährigen liegt bei knapp
70% Vollzeiterwerbstätigen und knapp 30%, die einer Beschäftigung in Teilzeit
nachgehen. Trotz der hohen Berufsabschlüsse und der Erwerbstätigenquote erzielen sie im Vergleich zu den anderen Clustern allerdings das niedrigste Äquivalenzeinkommen. Im Durchschnitt verfügen die Personen des Clusters *Wohnen
mit Kind* über ein monatliches Netto-Einkommen von 2.301 Euro. Was die Mobilitätsressourcen betrifft, so stehen den Personen des Clusters *Wohnen mit Kind*
vielfältige Möglichkeiten zur Verfügung: Über 70% besitzen eine Monats- oder
Jahreskarte für die Nutzung öffentlicher Verkehrsmittel, was deutlich über dem

Durchschnitt der anderen Cluster liegt. Weiterhin verfügen 84% der Personen über mindestens ein Fahrrad im Haushalt. Die Pkw-Ausstattung ist im Vergleich zu den anderen Clustern geringer, dennoch verfügen auch in diesem Cluster etwa 70% der Personen über mindestens ein Auto im Haushalt.

Dass die Personen dieses Clusters bewusste Innenstadtbewohner sind, verdeutlicht zum einen der räumliche Fokus auf innerstädtische Gebiete bei der Wohnstandortsuche. Zum anderen hat der Großteil der Bewohner (71%) bereits vor dem Umzug in der inneren Stadt gewohnt. Für über 70% kommt es nicht in Frage, in ein Einfamilienhaus an den Stadtrand, ins Umland oder aufs Land zu ziehen. Hingegen können sich 66% der Personen gut vorstellen, in den nächsten 20 Jahren am Alten Schlachthof wohnen zu bleiben. Obwohl der Wunsch nach einem eigenen Haus mit Garten nicht so stark bei der Wohnstandortsuche ausgeprägt war, sind letztendlich 59% der Personen in das Reihenhausgebiet gezogen. Auch der Erwerb von Eigentum war bei der Wohnstandortsuche nicht ausschlaggebend, dennoch hat mehr als die Hälfte eine Immobilie gekauft. Dies verdeutlicht, dass für die Personen des Clusters *Wohnen mit Kind* vermutlich auch ein anderer innerstädtischer Wohnstandort in Betracht gekommen wäre, sofern dieser auf die Bedürfnisse von Familien ausgerichtet ist.

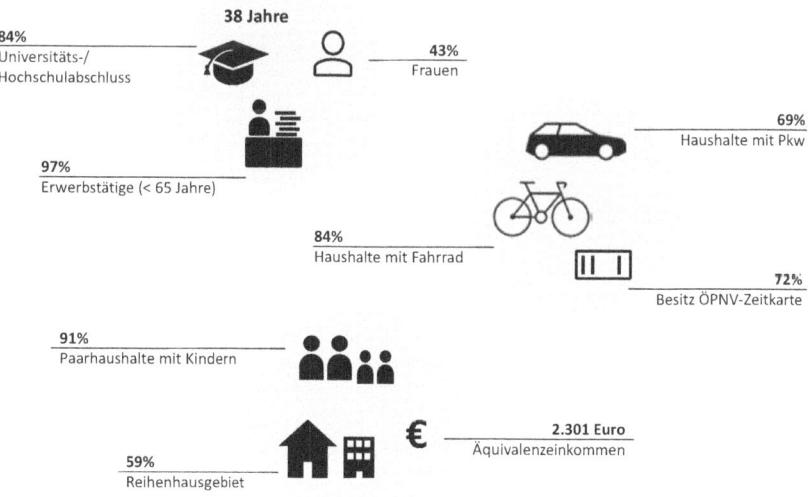

Abbildung 30: Soziodemographische Merkmale des Clusters Wohnen mit Kind. (Eigene Darstellung, Daten: Eigene Erhebung Wohn- und Alltagsmobilität 2012)

7.5.2   Cluster 2 – Autogerechtes Wohnen

Das Cluster *Autogerechtes Wohnen* setzt sich aus 69 Personen zusammen und stellt damit das größte Cluster dar. Im Hinblick auf die erfassten Wohnstandorteigenschaften hatten die Personen dieses Clusters keine besonders hohen Ansprüche: Eine gute Pkw-Infrastruktur im Wohnumfeld war ihnen bei der Wohnstandortwahl wichtig und sie wollten gerne in ein gepflegtes Wohnumfeld ziehen (Abbildung 31). Wie sich in Abschnitt 7.2 gezeigt hat, waren die Anbindung an den öffentlichen Verkehr und die zentrale Lage in der Stadt für alle Bewohner des Alten Schlachthofs bei der Wohnstandortentscheidung von besonderer Bedeutung. Vor diesem Hintergrund ist die dennoch autoaffine Präferenz der Personen des Clusters *Autogerechtes Wohnen* überraschend. Die Personen des Clusters haben somit vielfältige Mobilitätsoptionen bei der Wohnstandortwahl im Blick gehabt. Inwiefern sich dies auf die Verkehrsmittelnutzung auswirkt, wird in Kapitel 8 untersucht.

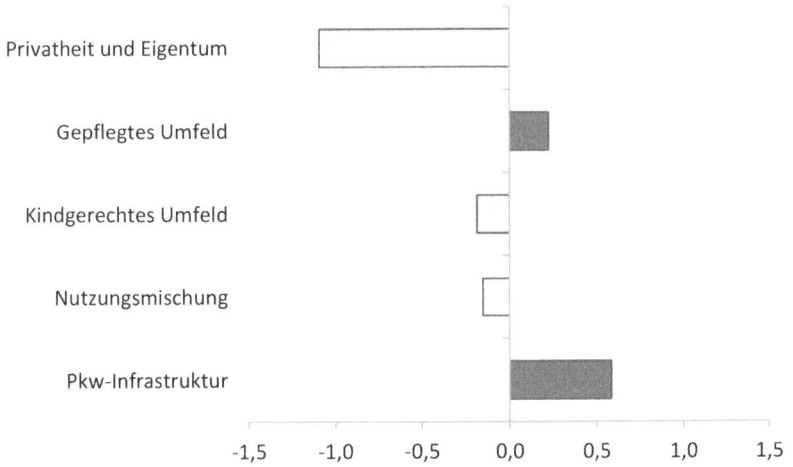

Abbildung 31: Ausprägungen der Wohnstandortpräferenzen (Mittelwerte der Hauptkomponenten) im Cluster Autogerechtes Wohnen. (Eigene Darstellung, Daten: Eigene Erhebung Wohn- und Alltagsmobilität 2012)

Der Altersdurchschnitt der Personen des Clusters *Autogerechtes Wohnen* liegt mit 41 Jahren über dem Altersdurchschnitt der Personen des Clusters *Wohnen mit*

Kind. Zudem ist die Altersstruktur hier etwas heterogener: Die jüngste Person ist 23 Jahre alt, die älteste Person ist 84 Jahre alt. Auch in diesem Cluster sind mehr Männer als Frauen vertreten (Abbildung 32). Weiterhin ist das Cluster durch eine heterogenere Haushaltsstruktur gekennzeichnet. Es leben gleich viele Personen (jeweils 42%) in einem Paarhaushalt mit Kindern wie in einem Paarhaushalt ohne Kinder. Sind Kinder im Haushalt, so sind diese im Vergleich zu den anderen Clustern bereits etwas älter. Die Personen des Clusters *Autogerechtes Wohnen* haben vergleichsweise niedrigere Bildungs- und Berufsabschlüsse: 64% der Bewohner haben ein Studium an einer Universität bzw. Hochschule beendet, weitere 28% haben eine Lehre abgeschlossen oder eine Ausbildung an einer Berufsfachschule/ Handelsschule absolviert. Die Erwerbstätigenquote der unter 65-Jährigen ist mit einem Anteil von 75% der Personen, die einer Vollzeitbeschäftigung nachgehen und weiteren 11%, die in Teilzeit arbeiten, sehr hoch. Das durchschnittliche monatliche Äquivalenzeinkommen liegt bei 2.448 Euro. Die Pkw-Ausstattung ist im Cluster *Autogerechtes Wohnen* erwartungsgemäß hoch: 94% der Personen verfügen über mindestens ein Auto im Haushalt. Die Personen dieses Clusters haben deutlich seltener eine Monats- oder Jahreskarte für den ÖPNV (44%) und 74% verfügen über mindestens ein Fahrrad im Haushalt.

Auch die Personen des Clusters *Autogerechtes Wohnen* haben sich bewusst für einen innerstädtischen Wohnstandort entschieden. Knapp 70% haben während der Wohnstandortsuche nur innerstädtische Gebiete in Betracht gezogen und über die Hälfte (55%) hat bereits vor dem Umzug in der inneren Stadt gewohnt. Im Vergleich zu den anderen Clustern haben die Personen des Clusters *Autogerechtes Wohnen* allerdings auch häufiger am Stadtrand gewohnt (20%) und ein Anteil von 23% ist aus einer anderen Stadt in Deutschland zugezogen. Der Großteil der Personen (83%) ist in das Mehrfamilienhausgebiet gezogen und nur 7% haben sich eine Wohnung gekauft. Obwohl den Personen bei der Wohnstandortentscheidung Privatheit und Eigentum nicht wichtig waren, möchten 28% der Personen des Clusters *Autogerechtes Wohnen* perspektivisch in einem Einfamilienhaus am Stadtrand, im Umland oder auf dem Land wohnen. Damit äußern sie diesen Wunsch deutlich häufiger als die Personen der anderen Cluster. Entsprechend seltener können sie sich vorstellen in den nächsten 20 Jahren noch am Alten Schlachthof zu wohnen: Knapp ein Drittel der Personen dieses Clusters geht davon aus in diesem Zeitraum weggezogen zu sein, wohingegen dieser Anteil bei den anderen Clustern nur zwischen 5% und 12% liegt.

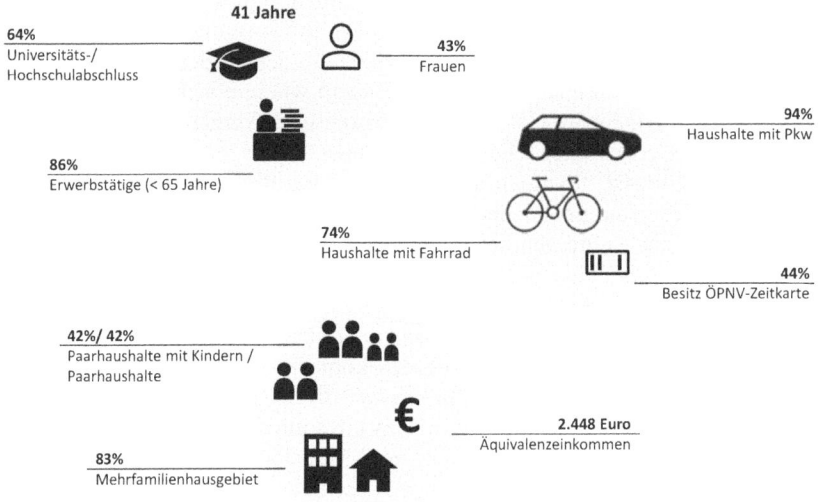

Abbildung 32: Soziodemographische Merkmale des Clusters Autogerechtes Wohnen. (Eigene Darstellung, Daten: Eigene Erhebung Wohn- und Alltagsmobilität 2012)

7.5.3   Cluster 3 – Urbanes Wohnen

Das Cluster *Urbanes Wohnen* besteht aus 29 Personen und ist damit das kleinste Cluster. Die Nutzungsmischung im Wohngebiet war den Personen dieses Clusters überdurchschnittlich wichtig bei der Wohnstandortwahl. Demnach haben sie vor allem darauf geachtet, ob Einkaufsmöglichkeiten, gastronomische und kulturelle Angebote sowie weitere Freizeitangebote von der Wohnung gut erreichbar sind. Gleichzeitig stuften sie auch ein ruhiges, sicheres und sauberes Wohnumfeld als wichtig ein. Privatheit und Eigentum war ihnen ebenfalls wichtig, wenn auch nicht so stark ausgeprägt. Auf ein kindgerechtes Umfelds und eine gute Pkw-Infrastruktur haben die Personen des Clusters *Urbanes Wohnen* hingegen keinen Wert gelegt (Abbildung 33).

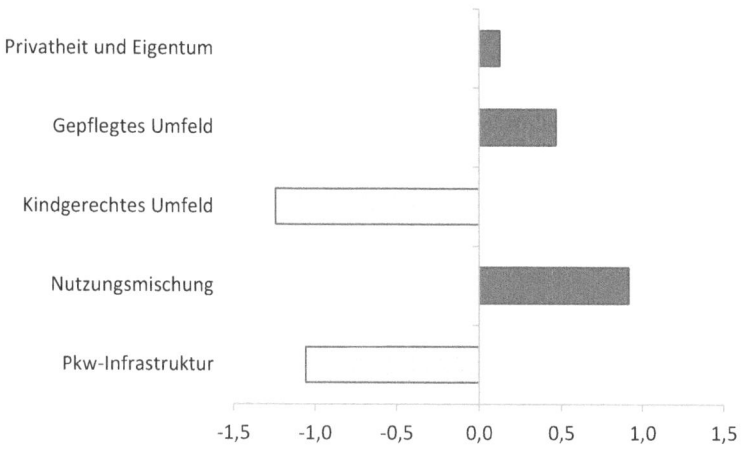

Abbildung 33: Ausprägungen der Wohnstandortpräferenzen (Mittelwerte der Hauptkomponenten) im Cluster Urbanes Wohnen. (Eigene Darstellung, Daten: Eigene Erhebung Wohn- und Alltagsmobilität 2012)

Die Personen des Clusters *Urbanes Wohnen* decken eine Altersspanne von 26 Jahren bis 78 Jahren ab und sind durchschnittlich 41 Jahre alt. Insgesamt sind mehr Frauen (62%) in diesem Cluster vertreten als Männer (Abbildung 34). Etwa jeder Zweite lebt in einem Paarhaushalt ohne Kinder, 28% leben alleine und ein Anteil von 17% lebt in einem Paarhaushalt mit kleinen Kindern. Die Personen des Clusters *Urbanes Wohnen* haben höhere Bildungs- und Berufsabschlüsse als die Personen des Clusters *Autogerechtes Wohnen*, die Erwerbstätigenquote der unter 65-Jährigen ist ähnlich hoch: 71% haben ein Studium an einer Universität oder Hochschule absolviert, 74% gehen einer Vollzeitbeschäftigung nach und 15% sind in Teilzeit erwerbstätig. Mit einem durchschnittlichen monatlichen Äquivalenzeinkommen von 2.513 Euro erzielen die Personen dieses Clusters das höchste Einkommen. Weiterhin stehen den Personen des Clusters *Urbanes Wohnen* vielfältige Mobilitätsressourcen zur Verfügung. Allerdings haben sie – im Vergleich zu den anderen Clustern – deutlich seltener ein Auto im Haushalt; dennoch verfügt immerhin etwas mehr als jeder zweite Haushalt über mindestens ein Auto. Knapp 60% der Personen des Clusters *Urbanes Wohnen* besitzen eine Monats- oder Jahreskarte für den ÖPNV und 74% haben mindestens ein Fahrrad im Haushalt.

Insgesamt haben 62% der Personen in diesem Cluster eine Immobilie gekauft. Eine Zuordnung zu den beiden Gebäudetypen zeigt, dass sich die Haushalte sowohl auf das Reihenhausgebiet (59%) als auch auf das Mehrfamilienhausgebiet (41%) verteilen. Im Vergleich zu den anderen Clustern haben sie vor dem
Umzug an den Alten Schlachthof deutlich seltener in der inneren Stadt gelebt
(46%). Ein Viertel hat vorher in den randstädtischen Gebieten gewohnt und 21%
sind aus einer anderen deutschen Stadt zugezogen. Ein Großteil (75%) kann sich
gut vorstellen auch in den nächsten 20 Jahren noch am Alten Schlachthof zu
wohnen, wohingegen 15% perspektivisch gerne in ein Einfamilienhaus an den
Stadtrand, ins Umland oder aufs Land ziehen möchten.

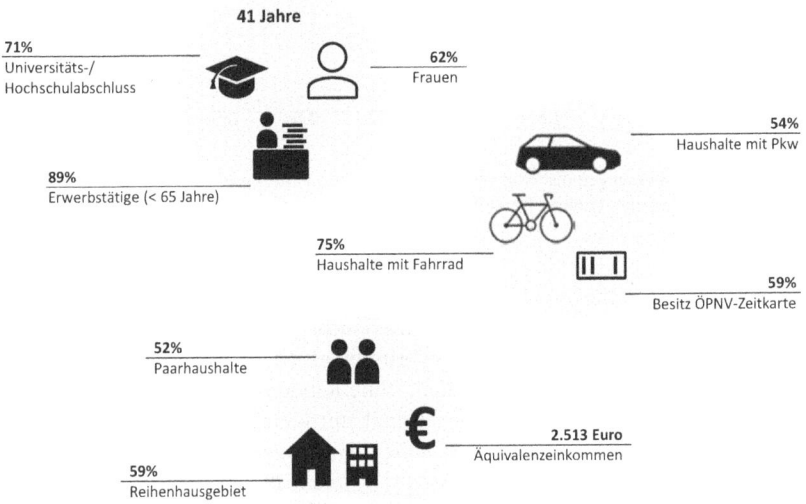

Abbildung 34: Soziodemographische Merkmale des Clusters Urbanes Wohnen. (Eigene Darstellung,
Daten: Eigene Erhebung Wohn- und Alltagsmobilität 2012)

7.5.4   Cluster 4 – Wohnen im Eigenheim

Das Cluster *Wohnen im Eigenheim* besteht aus 45 Personen und lässt sich durch
den Wunsch nach Privatheit und Eigentum charakterisieren. Weiterhin ist die Relevanz der Pkw-Infrastruktur leicht überrepräsentiert. Ein kinderfreundliches,
nutzungsgemischtes oder gepflegtes Wohnumfeld ist hingegen für die Personen

dieses Clusters in Bezug auf die Wohnstandortwahl nicht von Bedeutung gewesen (Abbildung 35).

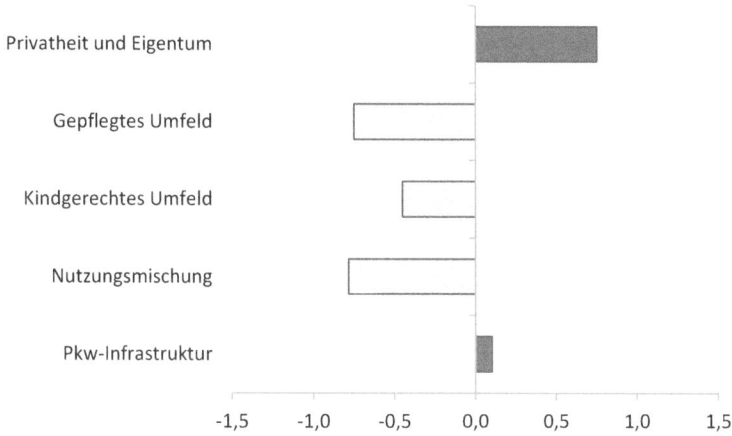

Abbildung 35: Ausprägungen der Wohnstandortpräferenzen (Mittelwerte der Hauptkomponenten) im Cluster Wohnen im Eigenheim. (Eigene Darstellung, Daten: Eigene Erhebung Wohn- und Alltagsmobilität 2012)

Der Altersdurchschnitt der Personen des Clusters *Wohnen im Eigenheim* liegt bei 41 Jahren. Die jüngste Person ist 26 Jahre alt und die älteste Person hat ein Alter von 93 Jahren. Der Anteil von Männern und Frauen ist in diesem Cluster ausgewogen (Abbildung 36). Die Haushaltsstruktur ist hier heterogener: Es leben 69% in Paarhaushalten mit überwiegend kleinen Kindern, knapp ein Viertel lebt in einem Paarhaushalt ohne Kinder und 7% leben alleine. Weiterhin verfügen sie über hohe Bildungs- und Berufsabschlüsse: 78% haben ein Studium an einer Universität oder Hochschule absolviert. Die Erwerbstätigenquote der unter 65-Jährigen liegt bei 61% Vollzeiterwerbstätigen und bei einem Viertel, die einer Beschäftigung in Teilzeit nachgehen. Damit erzielen die Personen dieses Clusters im Monat ein durchschnittliches Äquivalenzeinkommen von 2.455 Euro. Was die Mobilitätsressourcen betrifft, so stehen den Personen des Clusters *Wohnen im Eigenheim* vielfältige Möglichkeiten zur Verfügung, um im Alltag mobil zu sein: Wie sich anhand der Präferenzen für eine gute Pkw-Infrastruktur im Wohnumfeld vermuten lässt, ist die Pkw-Ausstattung im Haushalt mit 91% sehr hoch. Über die Hälfte besitzt zudem eine Monats- oder Jahreskarte für die Nutzung öffentlicher Verkehrsmittel und 76% verfügen über mindestens ein Fahrrad im Haushalt.

Im Vergleich zu den anderen Clustern haben die Personen des Clusters *Wohnen im Eigenheim* bereits vor dem Umzug an den Alten Schlachthof am häufigsten in der inneren Stadt (84%) gewohnt. Bei der Wohnstandortsuche haben 58% nur Wohnungen in der Innenstadt bzw. am Alten Schlachthof in Betracht gezogen. Knapp ein weiteres Drittel hat die Wohnstandortsuche auf das gesamte Stadtgebiet ausgeweitet. Dem Wunsch nach Eigentum konnten die Personen des Clusters *Wohnen im Eigenheim* nachkommen: 93% - und damit der größte Anteil im Vergleich zu den anderen Clustern – sind Eigentümer. Dabei hat sich der Großteil der Eigentümer dafür entschieden, ein Reihenhaus mit Garten zu kaufen. Mit dieser Entscheidung scheint der Großteil zufrieden zu sein: 72% können sich gut vorstellen auch in den nächsten 20 Jahren noch am Alten Schlachthof zu wohnen. Nur 7% der Personen des Clusters *Wohnen im Eigenheim* möchten perspektivisch in einem Einfamilienhaus am Stadtrand, im Umland oder auf dem Land wohnen.

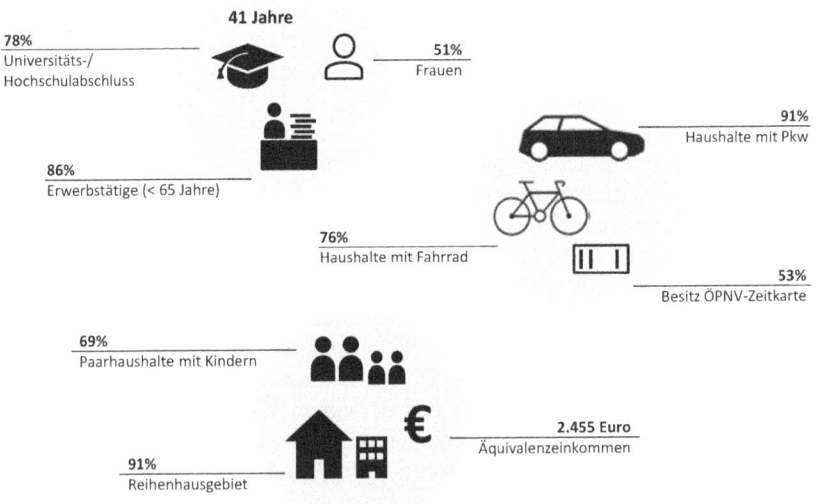

Abbildung 36: Soziodemographische Merkmale des Clusters Wohnen im Eigenheim. (Eigene Darstellung, Daten: Eigene Erhebung Wohn- und Alltagsmobilität 2012)

7.5.5   Cluster 5 – Anspruchsvolles Wohnen

Das Cluster *Anspruchsvolles Wohnen* setzt sich aus 66 Personen zusammen und ist damit das zweitgrößte Cluster. Die Personen dieses Clusters haben insgesamt sehr hohe Anforderungen an ihren Wohnstandort gestellt (Abbildung 37). Privatheit und Eigentum sowie ein kindgerechtes Wohnumfeld waren den Bewohnern bei der Wohnstandortsuche am wichtigsten. Hierbei haben sie besonderen Wert auf ein eigenes Haus mit Garten gelegt, was den Fokus auf kindgerechte Wohnungsmerkmale unterstreicht. Hinsichtlich eines kindgerechten Wohnumfelds war es dem Großteil (92%) zudem wichtig, dass sie ihre Kinder ohne Aufsicht draußen spielen lassen können. Weiterhin haben die Personen des Clusters *Anspruchsvolles Wohnen* darauf geachtet, in ein nutzungsgemischtes Wohnumfeld zu ziehen, das Einkaufsmöglichkeiten, gastronomische sowie kulturelle Angebote und weitere Freizeitgelegenheiten bietet und eine gute Pkw-Infrastruktur bereitstellt. Zudem wollten sie gerne in ein gepflegtes Wohnumfeld ziehen.

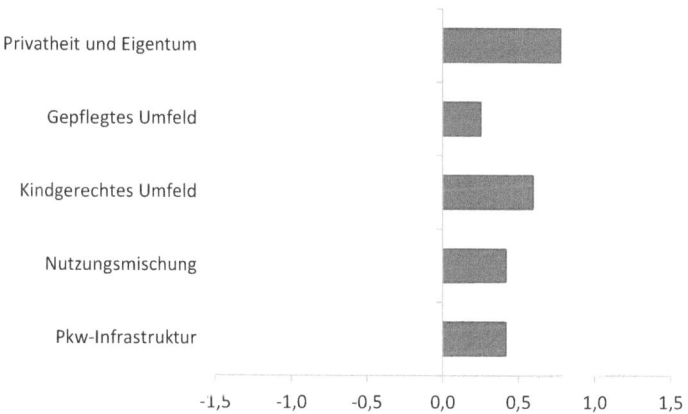

Abbildung 37: Ausprägungen der Wohnstandortpräferenzen (Mittelwerte der Hauptkomponenten) im Cluster Anspruchsvolles Wohnen. (Eigene Darstellung, Daten: Eigene Erhebung Wohn- und Alltagsmobilität 2012)

Die Bewohnerstruktur des Clusters *Anspruchsvolles Wohnen* zeichnet sich durch einen hohen Anteil an Frauen (74%) und eine vergleichsweise junge Altersstruktur aus: Die jüngste Person des Clusters ist 24 Jahre alt, die älteste Person ist 60

Jahre alt. Insgesamt ergibt sich ein Durchschnittsalter von 38 Jahren. Wie der Fokus auf kindgerechte Wohnstandortanforderungen vermuten lässt, setzt sich dieses Cluster überwiegend aus Familien (89%) zusammen (Abbildung 38). Somit ist die Haushaltsstruktur mit der Haushaltszusammensetzung des Clusters *Wohnen mit Kind* vergleichbar. Die Personen des Clusters *Anspruchsvolles Wohnen* haben zudem ähnlich hohe Bildungs- und Berufsabschlüsse wie die Personen des Clusters *Wohnen mit Kind*: 84% haben ein Studium an einer Universität oder Hochschule absolviert. Etwa die Hälfte der unter 65-Jährigen ist vollzeiterwerbstätig und knapp ein Drittel geht einer Teilzeitbeschäftigung nach. Demnach sind in diesem Cluster im Vergleich zu den anderen Clustern weniger Personen in Vollzeit erwerbstätig. Insgesamt erzielen sie ein durchschnittliches monatliches Äquivalenzeinkommen von 2.360 Euro. Der Anteil der Haushalte mit mindestens einem Pkw ist mit 94% so hoch wie bei dem Cluster *Autogerechtes Wohnen*. Zudem verfügen 78% der Personen des Clusters *Anspruchsvolles Wohnen* über mindestens ein Fahrrad im Haushalt. Im Vergleich zu den anderen Clustern haben sie deutlich seltener eine Monats- oder Jahreskarte für die Nutzung öffentlicher Verkehrsmittel (36%).

Fast alle Personen des Clusters *Anspruchsvolles Wohnen* (98%) sind in das Reihenhausgebiet gezogen und 89% haben Wohneigentum erworben. Zwar hat sich der Großteil für die eher suburbane Wohnform eines Reihenhauses entschieden, dennoch war es den Personen des Clusters *Anspruchsvolles Wohnen* wichtig, in der Innenstadt wohnen zu bleiben: Vor dem Umzug an den Alten Schlachthof haben 81% bereits in der Berliner Innenstadt gelebt. Für über 65% kommt es nicht in Frage in ein Einfamilienhaus an den Stadtrand, ins Umland oder aufs Land zu ziehen. Knapp 80% der Bewohner können sich gut vorstellen, in den nächsten 20 Jahren am Alten Schlachthof wohnen zu bleiben. Auch bei dem Cluster *Anspruchsvolles Wohnen* wird deutlich, dass die Bedürfnisse der Kinder bei der Wohnstandortsuche im Vordergrund standen. Bei der Frage, ob sie auch ohne Kinder(-wunsch) an den Alten Schlachthof gezogen wären, gehen die Meinungen auseinander. In etwa gleich viele Personen stimmen dem zu (42%) wie andere dies ablehnen (40%). Auch wenn sich das Cluster *Anspruchsvolles Wohnen* bewusst einen innerstädtischen Wohnstandort ausgesucht und dabei in erster Linie auf die Bedürfnisse von Kindern geachtet hat, sehen die Bewohner im Vergleich zu dem Cluster *Wohnen mit Kind* mehr Gefahren für Kinder in einem urbanen Wohnumfeld: 43% geben zu bedenken, dass es in der Stadt gefährlich ist, die Kinder alleine zur Schule oder zu Freizeiteinrichtungen gehen zu lassen und nur 16% schätzen es als ungefährlich ein.

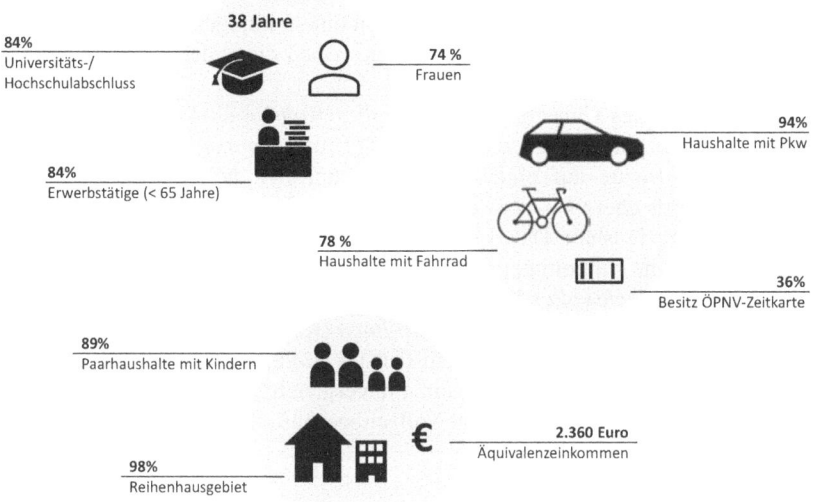

Abbildung 38: Soziodemographische Merkmale des Clusters Anspruchsvolles Wohnen. (Eigene Darstellung, Daten: Eigene Erhebung Wohn- und Alltagsmobilität 2012)

7.5.6 Die Wohnpräferenzcluster im Überblick

Die Charakterisierung der fünf Bewohnergruppen – *Wohnen mit Kind, Autogerechtes Wohnen, Urbanes Wohnen, Wohnen im Eigenheim* und *Anspruchsvolles Wohnen* – zeigt, dass die Bewohner ganz unterschiedliche Anforderungen an den Wohnstandort gestellt haben. Bis auf die mobilitätsbezogenen Kriterien Anbindung an den ÖPNV und zentrale Lage in der Stadt, die für die Bewohner gleichermaßen von zentraler Bedeutung bei der Wohnstandortwahl waren (Kapitel 7.2), lassen sich wesentliche Unterschiede zwischen den Bewohnergruppen feststellen (Kapitel 7.5.1 bis 7.5.5). Um die Cluster auf einen Blick miteinander vergleichen zu können, sind abschließend die jeweiligen Ausprägungen der Wohnstandortpräferenzen in Abbildung 39 sowie die soziodemographischen Merkmale in Tabelle 15 dargestellt.

Hier zeigt sich nochmal deutlich, dass die Cluster unterschiedliche Anforderungen an den Wohnstandort gestellt haben, sich aber teilweise im Hinblick auf soziodemographische Merkmale ähneln. So besteht sowohl das Cluster *Wohnen mit Kind* (Kapitel 7.5.1) als auch das Cluster *Anspruchsvolles Wohnen* (Kapitel 7.5.5) überwiegend aus hoch gebildeten Familien mit einem vergleichbaren Einkommen. Allerdings sind die Präferenzen der beiden Gruppen unterschiedlich gelagert: Während die einen in erster Linie an einem kindgerechten Wohnumfeld bei der Wohnstandortwahl interessiert waren, haben die anderen deutlich höhere Ansprüche an den Wohnstandort gestellt.

Die Personen des Clusters *Anspruchsvolles Wohnen* sind wiederum mit den Clustern *Autogerechtes Wohnen* (Kapitel 7.5.2) und *Wohnen im Eigenheim* (Kapitel 7.5.4) in Bezug auf einen überdurchschnittlich hohen Pkw-Besitz vergleichbar: Jeweils über 90% der Personen der drei Cluster verfügen über mindestens ein Auto im Haushalt. Dabei zeichnen sich die beiden letztgenannten Cluster durch ähnlich hohe Einkommen aus und verdienen damit mehr als die Personen des Clusters *Anspruchsvolles Wohnen*.

Die Personen des Clusters *Urbanes Wohnen* (Kapitel 7.5.3) verfügen über die höchsten Einkommen und ähneln dem Cluster *Autogerechtes Wohnen* hinsichtlich des Umfangs der Erwerbstätigkeit. Im Vergleich zu den anderen drei Clustern gehen sie besonders häufig einer Vollzeitbeschäftigung nach.

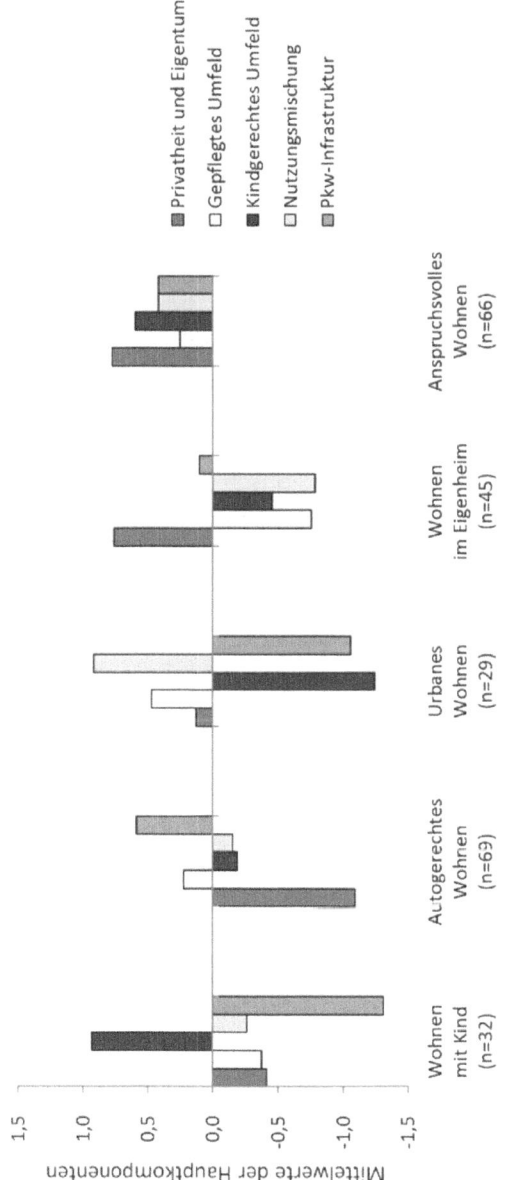

Abbildung 39: Ausprägungen der Wohnstandortpräferenzen (Mittelwerte der Hauptkomponenten) der fünf Cluster. (Eigene Darstellung, Daten: Eigene Erhebung Wohn- und Alltagsmobilität 2012)

Tabelle 15: Soziodemographische Merkmale der fünf Wohnpräferenzcluster. (Eigene Darstellung, Daten: Eigene Erhebung Wohn- und Alltagsmobilität 2012)

	Wohnen mit Kind (n=32)	Autogerechtes Wohnen (n=69)	Urbanes Wohnen (n=29)	Wohnen im Eigenheim (n=45)	Anspruchsvolles Wohnen (n=66)
Durchschnittliches Alter (in Jahren)	38	41	41	41	38
Anteil Frauen	43%	43%	62%	51%	74%
Haushaltsstruktur　Single-Haushalt	3%	15%	28%	7%	2%
Paarhaushalt ohne Kinder	3%	42%	52%	24%	6%
Paarhaushalt mit Kindern	91%	42%	17%	69%	89%
Anteil Kinder	94%	43%	17%	67%	92%
(davon Kinder unter 6 Jahre)	(77%)	(62%)	(100%)	(73%)	(73%)
Höchster Bildungsabschluss (Abitur/ Fachabitur)	91%	76%	90%	87%	94%
Höchster Berufsabschluss (Universität/ Fachhochschule)	84%	64%	71%	78%	84%
Anteil Erwerbstätige　Vollzeit	69%	75%	74%	61%	52%
Teilzeit (< 65 Jahre)	28%	11%	15%	25%	32%
Durchschnittliches monatliches Netto-Einkommen des Haushalts (Äquivalenzeinkommen nach OECD in EUR)	2.301	2.448	2.513	2.455	2.360
Anteil mit Monats-/ Jahreskarte für ÖPNV	72%	44%	59%	53%	36%
Anteil der Haushalte mit Pkw	69%	94%	54%	91%	94%
Anteil der Haushalte mit Fahrrad	84%	74%	75%	76%	78%
Wohngebiet　Reihenhausgebiet	59%	17%	59%	91%	98%
Mehrfamilienhausgebiet	41%	83%	41%	9%	2%
Anteil Eigentümer	53%	7%	62%	93%	89%
Vorheriger Wohnstandort　Innere Stadt Berlin	71%	55%	46%	84%	81%
Äußere Stadt Berlin	10%	20%	25%	12%	5%
Andere Stadt in Deutschland	10%	23%	21%	5%	10%

7.6 Zusammenfassung

Die Annahme, dass die Bevölkerung im Kontext der Reurbanisierung vom Stadt-rand oder Umland in die Innenstadt zieht, trifft für die Bewohner am Alten Schlachthof nicht zu. Bei den Befragten handelt es sich um bewusste Innenstadt-bewohner: Die meisten Bewohner sind aus anderen innerstädtischen Stadtteilen zugezogen und haben sich bei der Wohnstandortsuche auf die innerstädtischen Gebiete konzentriert. Im Vergleich zu den Bewohnern des Mehrfamilienhausge-biets haben die Bewohner des Reihenhausgebiets allerdings etwas häufiger rand-städtische Standorte oder das Umland als potenziellen Wohnstandort in Betracht gezogen.

Wie es bei innerstädtischen Umzügen häufig der Fall ist, haben sich die Be-fragten für einen Wohnstandortwechsel entschieden, weil sich persönliche bzw. familiäre Veränderungen ergeben haben und sie mit ihren vorherigen Wohnver-hältnissen nicht mehr zufrieden waren. Für die Bewohner des Reihenhausgebiets war hier insbesondere die Phase der Familiengründung relevant: Da sie Zuwachs erwartet haben oder mit dem Partner zusammenziehen wollten, hatten sie den Wunsch nach einer größeren Wohnung (mit Garten). Zudem hat der Erwerb von Wohneigentum eine Rolle bei der Wohnstandortwahl gespielt. Auch für die Be-wohner des Mehrfamilienhausgebiets waren persönliche bzw. familiäre Verände-rungen in Kombination mit den vorherigen Wohnverhältnissen für den Wohn-standortwechsel ausschlaggebend. Die Phase der Familiengründung war hier al-lerdings seltener relevant. Viele begaben sich auf Wohnungssuche, weil ihre vor-herige Wohnung zu klein oder minderwertig ausgestattet war. Eine Wohnung zu kaufen, kam allerdings für die meisten nicht in Frage.

Im Hinblick auf die Anforderungen bei der Wohnstandortwahl zeigt sich, dass mobilitätsbezogene Kriterien sowohl für die Bewohner des Reihenhausge-biets als auch für die Bewohner des Mehrfamilienhausgebiets von wesentlicher Bedeutung waren. Die Anbindung an öffentliche Verkehrsmittel ist dabei das zentrale Kriterium für die Wohnstandortentscheidung gewesen, aber auch eine zentrale Lage in der Stadt, die stellvertretend für gute Erreichbarkeiten täglicher Aktivitäten steht, wurde als sehr wichtig bewertet. Zudem haben die Bewohner des Reihenhausgebiets nach einer größeren und gut geschnittenen Wohnung ge-sucht und wollten gerne einen eigenen Garten haben. Auch den Bewohnern des Mehrfamilienhausgebiets war es wichtig in eine gut geschnittene Wohnung zu ziehen, die vorzugsweise in einem sauberen und ruhigen Wohnumfeld liegt. Dass die Anforderungen hinsichtlich der Wohnung und des Wohnumfelds erfüllt wur-den, zeigt die hohe Zufriedenheit mit dem Wohnstandort unter den Befragten.

Trotz der relativ homogenen Bewohnerstruktur lassen sich bei genauerer Betrachtung jedoch vielfältige Anforderungen an den Wohnstandort erkennen. Dabei konnten anhand einer Clusteranalyse mit vorgeschalteter Hauptkomponentenanalyse fünf Gruppen mit unterschiedlichen Wohnstandortpräferenzen identifiziert werden: *Wohnen mit Kind, Autogerechtes Wohnen, Urbanes Wohnen, Wohnen im Eigenheim* und *Anspruchsvolles Wohnen*. Bei dem Cluster *Wohnen mit Kind* handelt es sich um Familien, die besonderen Wert auf ein kindgerechtes Wohnumfeld gelegt haben. Die Personen dieses Clusters verteilen sich sowohl auf das Reihenhausgebiet als auch auf das Mehrfamilienhausgebiet. Das Cluster *Autogerechtes Wohnen* besteht aus Paarhaushalten und Familien, denen eine gute Pkw-Infrastruktur und ein gepflegtes Wohnumfeld bei der Wohnstandortwahl wichtig waren. Sie sind größtenteils in das Mehrfamilienhausgebiet gezogen. Wie zu erwarten, ist der Pkw-Besitz in diesem Cluster besonders hoch. Die Personen des Clusters *Urbanes Wohnen* haben bei der Wohnstandortwahl besonderen Wert auf eine kleinteilige und nutzungsgemischte Siedlungsstruktur gelegt. Ein kindgerechtes Wohnumfeld oder eine gute Pkw-Infrastruktur war ihnen hingegen nicht wichtig. Vor allem Paarhaushalte und Single-Haushalte finden sich in diesem Cluster wieder, die sich – wie im Cluster *Wohnen mit Kind* – auf das Reihenhaus- und das Mehrfamilienhausgebiet verteilen. Das Cluster *Wohnen im Eigenheim* ist größtenteils im Reihenhausgebiet zu finden und setzt sich aus Personen zusammen, die Wohneigentum erwerben wollten. Dementsprechend sind hier fast alle Bewohner Eigentümer. Der Großteil der Befragten lebt in einem Familienhaushalt, einige wohnen ohne Kinder mit ihrem Partner zusammen. Das Cluster *Anspruchsvolles Wohnen* verbindet die Wohnstandortpräferenzen der anderen Cluster: Privatheit und Eigentum sowie ein kindgerechtes Wohnumfeld waren besonders wichtige Kriterien bei der Wohnstandortwahl; zudem wollten sie gerne in eine nutzungsgemischte, gepflegte Siedlungsstruktur mit einer guten Pkw-Infrastruktur ziehen. Die Haushalts- und Einkommensstruktur entspricht dabei dem Cluster *Wohnen mit Kind*, allerdings ist das Cluster *Anspruchsvolles Wohnen* fast ausnahmslos in das Reihenhausgebiet gezogen.

Auch was die Mobilitätsressourcen betrifft, unterscheiden sich die Cluster. Dabei sind die Cluster *Autogerechtes Wohnen, Wohnen im Eigenheim* und *Anspruchsvolles Wohnen* durch einen sehr hohen Pkw-Besitz gekennzeichnet. Die Personen des Clusters *Wohnen mit Kind* verfügen hingegen sehr häufig über eine Monats- oder Jahreskarte für die Nutzung öffentlicher Verkehrsmittel und der Anteil an Haushalten mit Fahrrad ist sehr hoch. Das Cluster *Urbanes Wohnen* zeichnet sich durch den niedrigsten Pkw-Besitz unter den fünf Wohnpräferenzclustern aus. Stattdessen sind der Anteil an Monats- oder Jahreskarten für den ÖPNV und der Anteil an Haushalten mit Fahrrad relativ hoch, allerdings nicht so hoch wie im Cluster *Wohnen mit Kind*. Inwiefern die unterschiedlichen Präferenzen eine Bedeutung für das Mobilitätsverhalten haben, wird im nächsten Kapitel untersucht.

8 Wohnstandortpräferenzen und Mobilitätsverhalten

In diesem Kapitel wird untersucht, inwiefern Wohnstandortpräferenzen das Mobilitätsverhalten beeinflussen. Hierzu wird die Verkehrsmittelnutzung der in Kapitel 7.4 identifizierten und in Kapitel 7.5 charakterisierten Wohnpräferenzcluster dargestellt und miteinander verglichen. In diese Betrachtung werden zudem mobilitätsbezogene Einstellungen der fünf Cluster einbezogen. Anhand multipler Regressionsmodelle wird anschließend untersucht, inwiefern der Ansatz der Wohnpräferenzcluster die Verkehrsmittelnutzung neben bekannten Einflussfaktoren, wie soziodemographischen Merkmalen und Mobilitätsressourcen, erklären kann.

8.1 Verkehrsmittelnutzung der Wohnpräferenzcluster

Zusätzlich zu dem in Kapitel 6.2 dargestellten Mobilitätsverhalten an einem Stichtag wurde das Mobilitätsverhalten für übliche Aktivitäten erfasst und auf den Zeitraum eines Monats normiert. Dieser Zeitraum wird gewählt, um längerfristige Mobilitätsmuster abbilden zu können. Im Gegensatz zu einer Stichtagsbefragung – bei der die Alltagsmobilität zwar sehr detailliert erfasst werden kann, jedoch nur die Mobilität eines (zufällig gewählten) Tages wiederspiegelt – hat die Ermittlung üblicher Mobilitätsmuster den Vorteil einer ganzheitlichen Betrachtung des Mobilitätsverhaltens (Scheiner 2008: 25). Dadurch ergibt sich ein personenbezogenes Bild, das mit ebenso personenbezogenen Wohnstandortpräferenzen besser in Zusammenhang gebracht werden kann. Die üblichen Mobilitätsmuster wurden in der Erhebung anhand verschiedener Aktivitäten abgefragt (Tabelle 16). Dabei wurde auf einer 5-stufigen Skala von ‚mache ich nicht' bis ‚(fast) täglich' ermittelt, wie häufig die Befragten die Aktivitäten ausüben, wo sie dies vornehmlich tun und welche Verkehrsmittel sie dafür üblicherweise verwenden. Auf dieser Grundlage wird anschließend der Modal Split pro Person und für den Zeitraum eines Monats anhand der angegebenen Verkehrsmittel und der Häufigkeit der ausgeübten Aktivitäten gebildet. Hierzu wird zunächst den Häufigkeitskategorien eine durchschnittliche Anzahl an Tagen pro Monat zugeordnet[13] und pro Person für alle Aktivitäten aufsummiert. Anschließend wird jeweils die Häufigkeit einer Aktivität durch die aufsummierte Häufigkeit aller Aktivitäten dividiert, sodass sich für jede Aktivität ein Anteil an der Gesamtsumme ergibt. Die jeweiligen Häufigkeitsanteile werden dann auf die genutzten Verkehrsmittel übertragen und so aggregiert, dass jeder Person ein individueller Modal Split für den Zeitraum eines Monats zugeordnet wird. Somit erfahren Aktivitäten, die seltener ausgeübt werden, eine geringere Berücksichtigung als (fast) tägliche Aktivitäten, wie etwa die Arbeit.

Tabelle 16: Einteilung in Pflicht-, Teilpflicht und Freizeitaktivitäten. (Eigene Darstellung)

Pflichtaktivitäten	Teilpflichtaktivitäten	Freizeitaktivitäten
Arbeit Ausbildung	Einkauf täglicher Bedarf Großeinkauf Private Erledigung	Shopping Soziale Kontakte Sport treiben Gastronomiebesuche Kulturelle Veranstaltungen (Tages-)Ausflug

Die fünf Cluster weisen zum Teil deutliche Unterschiede in der Verkehrsmittelnutzung auf (Abbildung 40). So ist das Mobilitätsverhalten des *Clusters Wohnen mit Kind* durch einen hohen Anteil an nicht-motorisierten Verkehrsmitteln gekennzeichnet. Für 57% der Aktivitäten nutzen sie das Fahrrad oder gehen zu Fuß. Da sich dieses Cluster überwiegend aus Familien mit kleinen Kindern zusammensetzt, handelt es sich vermutlich bei vielen Aktivitäten um Betreuungseinrichtungen oder Freizeitangebote für Kinder, die im Wohnumfeld liegen und zu denen die Eltern ihre Kinder begleiten. Weiterhin erreichen sie knapp ein Drittel ihrer Aktivitäten mit öffentlichen Verkehrsmitteln. Obwohl die Personen dieses Clusters häufiger über eine Monats- oder Jahreskarte für die Nutzung öffentlicher Verkehrsmittel verfügen als die anderen Cluster, nutzen sie den ÖPNV nicht so häufig wie etwa das Cluster *Urbanes Wohnen*. Die Pkw-Nutzung fällt mit 10% sehr gering aus, was auch dadurch unterstrichen wird, dass 84% des Clusters *Wohnen mit Kind* sagen, dass sie in ihrer Alltagsorganisation nicht auf ein Auto angewiesen sind. Ein Anteil von 13% fühlt sich hingegen vom Auto abhängig, um den Alltag zu organisieren.

---

13 Übt eine Person ‚(fast) täglich‘ eine Aktivität aus, so entspricht dies durchschnittlich 22 Tagen pro Monat. Die Kategorie ‚1-3 mal pro Woche‘ entspricht auf einen Monat bezogen 8 Tagen. Wurde die Kategorie ‚1-3 mal pro Monat‘ angekreuzt, werden 2 Tage pro Monat für die jeweilige Aktivität berechnet. Die Kategorien ‚seltener als monatlich‘ und ‚mache ich nicht‘ fallen folglich aus der Berechnung der monatlichen Nutzungshäufigkeit heraus.

Wie anhand ihrer Wohnstandortpräferenzen zu erwarten ist, fällt das Cluster *Autogerechtes Wohnen* durch eine hohe Pkw-Nutzung auf: Für 37% der Aktivitäten nutzen sie das Auto. Damit verzeichnen sie im Vergleich zu den anderen Clustern die höchsten Pkw-Nutzungsanteile. Trotz des zentral gelegenen Wohnstandorts und der guten Anbindung an öffentliche Verkehrsmittel fühlt sich fast ein Viertel der Personen des Clusters *Autogerechtes Wohnen* im Alltag auf das Auto angewiesen. Öffentliche Verkehrsmittel nutzen die Personen des Clusters *Autogerechtes Wohnen*, um zu einem Viertel ihrer Aktivitäten zu gelangen und für etwa ein Drittel der Aktivitäten nutzen sie nicht-motorisierte Verkehrsmittel. Damit gehen sie im Vergleich zu den anderen Clustern deutlich seltener zu Fuß oder fahren mit dem Fahrrad.

Das Cluster *Urbanes Wohnen* ist durch sehr hohe Nutzungsanteile der öffentlichen Verkehrsmittel (42%) charakterisiert. Da den Personen dieses Clusters die Nutzungsmischung im Wohnumfeld besonders wichtig ist und die Nähe zu Geschäften, Cafés, Restaurants stellvertretend auch für gute Erreichbarkeiten steht, ist zu vermuten, dass sie häufig zu Fuß gehen oder mit dem Fahrrad fahren. Diese Annahme bestätigt sich allerdings nur für das Zufußgehen: Mit einem Anteil von 29% gehen sie zusammen mit dem Cluster *Wohnen mit Kind* im Vergleich zu den anderen Clustern am häufigsten zu Fuß. Dagegen verzeichnen sie den geringsten Fahrrad-Anteil (16%) unter den fünf Wohnpräferenzclustern. Die Pkw-Nutzung fällt – wie bei dem Cluster *Wohnen mit Kind* – sehr gering aus (10%), allerdings fühlen sich die Personen des Clusters *Urbanes Wohnen* noch seltener auf ein Auto angewiesen als die Personen des Clusters *Wohnen mit Kind*. Nur 4% stimmen der Aussage zu, dass sie ihren Alltag nicht ohne Auto organisieren können, wohingegen 12% des Clusters *Wohnen mit Kind* dieser Aussage zustimmen.

Die Cluster *Wohnen im Eigenheim* und *Anspruchsvolles Wohnen* zeichnen sich durch eine sehr ähnliche Verkehrsmittelnutzung aus. Dabei nutzen sie etwa für die Hälfte der Aktivitäten nicht-motorisierte Verkehrsmittel. Vergleichbar mit dem Cluster *Wohnen mit Kind* ist vor allem die Fahrradnutzung mit einem Anteil von über einem Viertel sehr hoch. Das Cluster *Wohnen im Eigenheim* nutzt für jeweils etwa ein Viertel der Aktivitäten das Auto oder öffentliche Verkehrsmittel. Das Cluster *Anspruchsvolles Wohnen* fährt etwas häufiger mit dem Auto (28%) und dafür seltener mit dem ÖPNV (19%). Die Unterschiede der Pkw-Nutzungsmuster spiegeln sich auch in der subjektiv wahrgenommenen Abhängigkeit des Autos wider: Knapp ein Viertel des Clusters *Anspruchsvolles Wohnen* und 16% des Clusters *Wohnen im Eigenheim* stimmen der Aussage zu, dass sie ihren Alltag nicht ohne Auto organisieren können.

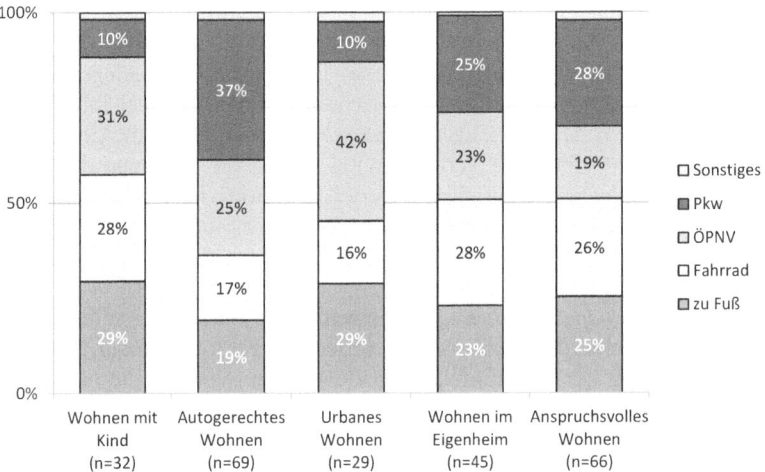

Abbildung 40: Verkehrsmittelnutzung der fünf Wohnpräferenzcluster für übliche Aktivitäten im Zeitraum eines Monats. (Eigene Darstellung, Daten: Eigene Erhebung Wohn- und Alltagsmobilität 2012)

8.2   Multiple Regressionsmodelle - Erklärung der Verkehrsmittelnutzung

Anhand multipler Regressionsmodelle soll geprüft werden, ob die Zugehörigkeit zu den identifizierten Wohnpräferenzclustern für die Verkehrsmittelnutzung von Bedeutung ist und welchen Erklärungsgehalt die Wohnpräferenzcluster im Vergleich zu anderen möglichen Einflussfaktoren haben. Somit geben die Regressionsmodelle darüber Aufschluss, wie gut die Verkehrsmittelnutzung anhand von individuellen Präferenzen innerhalb eines kleinräumigen Wohngebiets erklärt werden kann.

8.2.1   Modellschätzung

Die in Kapitel 8.1 dargestellten Nutzungsmuster (Zufußgehen, Radfahren, ÖPNV-Nutzung, Pkw-Nutzung), die für verschiedene Aktivitäten erfasst und auf den Zeitraum eines Monats normiert wurden, gehen jeweils als abhängige Variablen in die Modelle ein. Da es sich hierbei um Nutzungsanteile zwischen 0 und 1 handelt, werden Regressionsmodelle gewählt, die begrenzte Variablen in dem Werteintervall von einschließlich 0 und 1 schätzen können. Als Spezialisierung des generalisierten linearen Modells (GLM) schlagen Papke und Wooldridge

(1996) eine Methode vor, die für die Schätzung relativer Anteilswerte in der abhängigen Variablen geeignet ist. Das Verfahren ist dabei flexibler und unterliegt weniger Restriktionen als beispielsweise das Tobit-Modell, das zwar auch für begrenzte abhängige Variablen entwickelt wurde, aber eine Normalverteilung voraussetzt (Ramalho/ Ramalho/ Murteira 2011: 22). Da Variablen mit begrenzten Anteilswerten zwischen 0 und 1 diese Voraussetzungen selten erfüllen und zudem häufig an den Extremwerten überproportional viele Werte auftreten, ist die Anwendung eines verallgemeinerten Modells hier sinnvoller (Papke/ Wooldridge 1996: 620, Ramalho/ Ramalho/ Murteira 2011). Wie Gourieroux, Monfort und Trognon (1984) sowie McCullagh und Nelder (1989) schlagen Papke und Wooldridge (1996) die Quasi-Likelihood Methode vor, die eine robuste Schätzung der Anteilswerte erzielt.

Ramalho, Ramalho und Murteira (2011) haben für diese robuste Schätzung des Fractional Regression Models (FRM) das Paket ‚frm' in der Statistiksoftware R entwickelt, das im Folgenden für die multiplen Regressionsmodelle der Verkehrsmittelnutzung angewendet wird (für verkehrswissenschaftliche Fragestellungen siehe z.B. auch Heinen und Chatterjee 2015; Song, Preston und Brand 2013). Die hier verwendeten Modelle nutzen eine Logit-Transformation für die abhängigen Variablen.

Einstufiges vs. zweistufiges Modell

Das FRM kann sowohl als einstufiges als auch als zweistufiges Modell geschätzt werden (Ramalho/ Ramalho/ Murteira 2011: 20). Das einstufige Modell schätzt dabei das gesamte Anteilsspektrum der abhängigen Variablen [0, 1] in einem Schritt, wobei im zweistufigen Modell zunächst über eine binär-logistische Regression analysiert wird, ob das Ereignis eintritt (1) oder nicht (0), um dann in einem zweiten Schritt zu berechnen, inwiefern die Prädiktoren die relativen Anteile beeinflussen [0,1) bzw. (0,1]. Das zweistufige Modell bietet sich an, wenn beispielsweise die Nullen und die restlichen Anteilswerte durch unterschiedliche Mechanismen zustande kommen (Ramalho/ Ramalho/ Murteira 2011: 27f). Beispielsweise wäre es denkbar, dass die Nicht-Nutzung des Pkw und die Höhe der Pkw-Nutzung durch unterschiedliche Variablen beeinflusst werden. So könnte der Pkw-Besitz als vorgelagerte Mobilitätsentscheidung einen signifikanten Einfluss darauf haben, ob im Alltag ein Auto genutzt wird oder nicht. Ob der Pkw allerdings selten oder häufig genutzt wird, könnte eventuell durch andere Variablen besser erklärt werden, da es wahrscheinlich ist, dass die betreffende Person auch bei geringen Pkw-Nutzungsanteilen über einen Pkw verfügt. Um die Annahme struktureller Nullen zu prüfen, wurden für die Nutzungsanteile Pkw, ÖPNV, Fahrrad und Fuß zweistufige Modelle berechnet. Hier hat sich jedoch herausgestellt, dass sich die erklärenden Variablen und deren Einfluss in den jeweiligen Modellen kaum voneinander unterscheiden. Da das zweistufige Verfahren somit keinen inhaltlichen Mehrwert bietet, wird ein einstufiges Modell vorgezogen. Zudem ist darauf hinzuweisen, dass die Nutzungsanteile das ‚üblich genutzte' Verkehrsmittel für die jeweiligen erfassten Aktivitäten wiedergeben. Die Nullen bedeuten daher nicht zwangsläufig, dass die Personen das Verkehrsmittel innerhalb eines Monats gar nicht nutzen; tatsächlich können die Nullen auch für sehr geringe Nutzungsanteile (nicht erfasster Aktivitäten) stehen, sodass die Annahme struktureller Nullen zusätzlich abgeschwächt wird.

Die Auswahl der Prädiktoren erfolgt auf Basis von theoriegeleiteten Überlegungen, Ergebnissen aus anderen Untersuchungen und im Vorfeld durchgeführten Korrelationsanalysen, die die Zusammenhänge zwischen den unabhängigen und den abhängigen Variablen prüfen. Um die Komplexität der Modelle zu reduzieren und die Schätzung zu präzisieren, ist es wünschenswert nur die relevanten Prädiktoren aufzunehmen (Weisberg 1985: 211). Daher werden nur Prädiktoren in die jeweiligen Modelle aufgenommen, die die Verkehrsmittelnutzung statistisch signifikant beeinflussen. Dadurch ergeben sich jeweils vier Prädiktoren für die Regressionsmodelle, wobei eine Variable metrisches Skalenniveau und die anderen Variablen kategoriales Skalenniveau aufweisen, die daher als Dummy-Variablen umkodiert werden. Um den isolierten Einfluss eines Prädiktors auf die abhängige Variable erklären zu können, dürfen die Prädiktoren nicht miteinander korrelieren. Liegt Multikollinearität – also ein starker Zusammenhang zwischen mindestens zwei unabhängigen Variablen – vor, kann die Regressionsgleichung nicht eindeutig geschätzt werden und die Güte der Gleichung sowie die Parameter sind dann mit hoher Wahrscheinlichkeit verzerrt (Field 2013: 325). Dies kann über die Varianzinflationsfaktoren (VIF) geprüft werden. Bowerman und O'Connell (1990: 447) gehen bei einem VIF-Wert größer als zehn von starker Multikollinearität aus. Urban und Mayerl (2006: 232) empfehlen einen Richtwert von unter fünf. Für die vorliegenden Prädiktoren liegen die Varianzinflationsfaktoren zwischen 1,1 und 1,3, sodass keine Multikollinearität besteht.

Wohnpräferenzcluster vs. Faktoren der Wohnstandortpräferenzen

In anderen Studien, die den Einfluss von Wohnstandortpräferenzen auf das Mobilitätsverhalten untersuchen, gehen Wohnstandortpräferenzen häufig als Faktoren in die Regressionsmodelle ein. Hierdurch kann der Einfluss der jeweiligen Faktoren einzeln abgeschätzt werden, allerdings wird vernachlässigt, dass jede Person ein individuelles Präferenzspektrum abdeckt und die verschiedenen Wohnstandortpräferenzen miteinander verknüpft sind. Diese ganzheitliche Betrachtung wird durch die Integration der Cluster in die Regressionsmodelle erreicht. Testweise wurden die Hauptkomponenten der Wohnstandortpräferenzen[14] in die Modelle aufgenommen, um zu prüfen, ob sich die Modelle hierdurch verbessern. Die Modellanpassung für die Modelle der ÖPNV-Nutzung sowie des Zufußgehens verschlechterten sich mit den Hauptkomponenten im Vergleich zu den Clustern. Die Modellanpassung für die Pkw-Nutzung und die Fahrrad-Nutzung verbesserten sich geringfügig. Insgesamt konnte mit den Clustern ein besseres Ergebnis erzielt werden als mit den Hauptkomponenten.

8.2.2   Nicht signifikante Prädiktoren

Im Folgenden werden kurz die Variablen beschrieben, die aus den finalen Modellen ausgeschlossen wurden, da sie keinen statistisch signifikanten Einfluss auf die Verkehrsmittelnutzung haben.

Geschlecht, Bildungsgrad und Einkommen

Das Geschlecht hat keinen Einfluss auf die Verkehrsmittelnutzung – auch nicht in Wechselwirkung mit dem Alter – wenngleich andere Studien zu dem Ergebnis gekommen sind, dass Männer und Frauen unterschiedliche Nutzungsmuster haben (z.B. Flade 2013: 98ff). Obwohl die deskriptiven Analysen vermuten lassen, dass sich der Bildungsgrad auf die Verkehrsmittelnutzung auswirkt, konnte hier kein signifikanter Einfluss festgestellt werden. Auch bezüglich des Äquivalenzeinkommens lässt sich kein direkter Einfluss für die Verkehrsmittelnutzung erkennen. Allerdings kann ein indirekter Einfluss des Einkommens angenommen werden. Wie beispielsweise Dargay (2001) feststellt, führen höhere Einkommen zu tendenziell höheren Pkw-Besitzquoten. Der Pkw-Besitz hat wiederum (auch in den vorliegenden Modellen) einen direkten Einfluss auf die Pkw-, ÖPNV- und Fahrrad-Nutzung.

Reihenhausgebiet vs. Mehrfamilienhausgebiet

In den deskriptiven Analysen hat sich gezeigt, dass sich die Bewohner des Reihenhausgebiets in ihrer Verkehrsmittelnutzung von den Bewohnern des Mehrfamilienhausgebiets unterscheiden (Kapitel 6.2.1). Dass die verschiedenen Gebäudetypen einen direkten Einfluss auf die Verkehrsmittelnutzung ausüben, muss allerdings verneint werden, da keine signifikanten Zusammenhänge zwischen den Gebäudetypen und der Verkehrsmittelnutzung in den Modellen vorliegen. Denk-

---

14 Hierbei handelt es sich um die in Kapitel 7.4.1 berechneten Hauptkomponenten der Wohnstandortpräferenzen, die die Grundlage für die Clusteranalyse darstellen.

bar ist daher, dass die Baustruktur eine stellvertretende Position für andere Merkmale einnimmt. So unterscheidet sich beispielsweise die Haushaltszusammensetzung zwischen den beiden Gebietstypen, die sich wiederum signifikant in den Regressionsmodellen auf die Verkehrsmittelnutzung auswirkt.

8.2.3 Signifikante Prädikatoren

In Tabelle 17 sind die Ergebnisse der vier Regressionsmodelle für die Nutzung des Pkw, des ÖPNV, des Fahrrads und für das Zufußgehen dargestellt. Dabei zeigt sich, dass soziodemographische Merkmale, die Ausstattung mit Mobilitätsressourcen und die Wohnpräferenzcluster einen Einfluss auf die Verkehrsmittelnutzung haben. Das korrigierte R^2 der Modelle gibt an, dass die ausgewählten Variablen die Verkehrsmittelnutzung insgesamt relativ gut erklären, wobei zum Teil deutliche Unterschiede zwischen den Modellen vorliegen. So erklärt das Modell der ÖPNV-Nutzung einen Anteil von 55%, das Pkw-Modell einen Anteil von 36%, das Rad-Modell erklärt 28% an der Varianz und 15% der Varianz können für das Zufußgehen erklärt werden.

Tabelle 17: Ergebnisse der Fractional Logit Modelle (standardisierte Regressionskoeffizienten). (Eigene Darstellung, Daten: Eigene Erhebung Wohn- und Alltagsmobilität 2012)

	Pkw	ÖPNV	Fahrrad	Fuß
Soziodemographie				
Alter in Jahren				0,177**
Haushaltsform: Paarhaushalt (1=ja)	0,332***			
Kind (<12 Jahren) im Haushalt (1=ja)		−0,216**		0,382***
Erwerbstätigkeit (Voll-/Teilzeit) (1=ja)				−0,251***
Mobilitätsressourcen				
Anzahl der Pkw im Haushalt	0,520***	−0,164*	−0,400 ***	
Monats-/Jahreskarte für den ÖPNV (1=ja)	−0,432***	1,121***	−0,804***	
Anzahl der Fahrräder pro Person (>6 Jahre)			0,285**	
Wohnpräferenzcluster				
Autogerechtes Wohnen (Referenzkategorie)	–	–	–	–
Wohnen mit Kind (1=ja)	−0,393***	−0,032	0,280**	0,144*
Urbanes Wohnen (1=ja)	−0,492***	0,130	−0,045	0,245***
Wohnen im Eigenheim (1=ja)	−0,126	−0,103	0,266**	0,065
Anspuchsvolles Wohnen (1=ja)	−0,121	−0,002	0,184	0,056
Korrigiertes R^2	0,36	0,55	0,28	0,15
Anzahl der Fälle	236	235	236	233

Fractional logit regression model
*Signifikanz: *** = 0,01 ** = 0,05 * = 0,1*

Soziodemographische Merkmale

Soziodemographische Merkmale finden in unterschiedlichem Maße Eingang in die Modelle. Besonders relevant sind sie für den Anteil des Zufußgehens, wohingegen die Radnutzung von soziodemographischen Merkmalen unberührt bleibt. So zeigt sich für das Zufußgehen, dass ein positiver Zusammenhang zum Alter besteht: Mit steigendem Alter erhöht sich der Anteil an Fußwegen. Weiterhin spielt die Haushaltszusammensetzung eine Rolle für die Verkehrsmittelnutzung. Wohnt eine Person in einem Paar-Haushalt, fährt sie häufiger mit dem Pkw als Personen in einem Single- oder Familienhaushalt. Dies mag zunächst kontraintuitiv sein, da Familien aufgrund von Begleitwegen der Kinder und komplexen

Wegeketten eher mit einer höheren Autonutzung assoziiert werden. Die Ergebnisse zeigen jedoch, dass Familien nicht mit höheren Pkw-Anteilen in Verbindung gebracht werden. Sind Kinder (unter 12 Jahren) im Haushalt, gehen die Bewohner häufiger zu Fuß und nutzen seltener öffentliche Verkehrsmittel. Dies lässt sich vermutlich auf einen kleineren Aktionsradius zurückführen. Da Kinder im Kita- und Grundschulalter häufig begleitet werden, die Betreuungs- und Freizeitangebote aber meist in der Nähe des Wohnumfelds liegen, wird ein höherer Anteil an Fußwegen verzeichnet. Zudem wirkt sich die Erwerbstätigkeit auf den Anteil der Fußwege aus. So geht eine Person seltener zu Fuß, wenn sie in Voll- oder Teilzeit erwerbstätig ist.

Mobilitätsressourcen

In den deskriptiven Analysen hat sich gezeigt, dass die Bewohner am Alten Schlachthof überdurchschnittlich häufig über einen Pkw verfügen, den sie im Alltag jedoch vergleichsweise selten nutzen. Somit könnte vermutet werden, dass die Verfügbarkeit eines Pkw im Haushalt keinen wesentlichen Einfluss auf die Verkehrsmittelnutzung hat. Diese Vermutung wird allerdings durch die Regressionsmodelle widerlegt: Mit jedem (weiteren) Auto im Haushalt steigt die Pkw-Nutzung signifikant an. Umgekehrt geht die Nutzung öffentlicher Verkehrsmittel und des Fahrrads zurück, sofern ein (weiteres) Auto vorhanden ist. Wurde eine Monats- oder Jahreskarte für den ÖPNV erworben, so werden öffentliche Verkehrsmittel dementsprechend häufiger genutzt, der Pkw und das Fahrrad erfahren hingegen einen Rückgang in der Nutzung. Die Anzahl der Fahrräder im Haushalt wirkt sich positiv auf die Fahrradnutzung aus. Für die Nutzung öffentlicher Verkehrsmittel oder des Pkw ist die Fahrrad-Verfügbarkeit allerdings nicht von Bedeutung.

Wohnpräferenzcluster

Die auf Basis der Clusteranalyse gebildeten Wohnpräferenzcluster tragen signifikant zur Erklärung der Verkehrsmittelnutzung bei. Als Referenzkategorie wurde das Cluster *Autogerechtes Wohnen* ausgewählt, da es sich hierbei um die größte Gruppe handelt. Zudem zeichnet es sich im Vergleich zu den anderen Clustern durch eine ausgeprägte Pkw-Nutzung sowie geringe Nutzungsanteile des öffentlichen Nahverkehrs und des Fahrrads aus. Der Vergleich mit diesem Cluster als Referenzkategorie ermöglicht somit die Identifizierung von Clustern, die sich durch eine umweltfreundlichere Verkehrsmittelnutzung charakterisieren lassen. Wie bereits die deskriptiven Analysen gezeigt haben, bestätigen auch die Regressionsmodelle, dass die Personen des Clusters *Wohnen mit Kind* seltener den Pkw nutzen als die Personen des Clusters *Autogerechtes Wohnen*; stattdessen nutzen sie häufiger nicht-motorisierte Verkehrsmittel. Auch die Personen des Clusters *Urbanes Wohnen* fahren im Vergleich zum Cluster *Autogerechtes Wohnen* seltener mit dem Pkw. Hingegen nutzen sie häufiger den öffentlichen Nahverkehr und gehen häufiger zu Fuß. Demnach wirkt sich die Präferenz für ein nutzungsgemischtes Wohnumfeld mit Einkaufsgelegenheiten, Gastronomie und Freizeitangeboten positiv auf die Nutzung von Verkehrsmitteln des Umweltverbunds aus. Das Cluster *Wohnen im Eigenheim* unterscheidet sich hinsichtlich einer höheren Radnutzung vom Cluster *Autogerechtes Wohnen*. Für das Cluster *Anspruchsvolles Wohnen* konnte im Vergleich zum Cluster *Autogerechtes Wohnen* kein signifikanter Einfluss auf die Verkehrsmittelnutzung festgestellt werden. Insgesamt zeigt sich somit, dass über die Zugehörigkeit zu den Wohnpräferenzclustern die Verkehrsmittelnutzung weiter differenziert und erklärt werden kann.

Um zu prüfen, inwiefern die Wohnpräferenzcluster einen zusätzlichen Erklärungsgehalt für die Verkehrsmittelnutzung liefern, wurden die Modelle ohne die Cluster berechnet. Hier zeigt sich, dass die identifizierten Cluster für die Pkw-Nutzung von besonderer Bedeutung sind: Werden die Cluster nicht mit einbezogen, sinkt das korrigierte R^2 von 0,36 auf 0,31. Für die Fahrradnutzung ergibt sich ein korrigiertes R^2 von 0,25 ohne Cluster anstatt von 0,28 mit Cluster und für das Zufußgehen verbessert sich das korrigierte R^2 des Modells von 0,12 auf 0,15, wenn die Cluster in die Berechnung einbezogen werden. Einzig für die ÖPNV-Nutzung scheinen die Cluster keinen zusätzlichen Erklärungsgehalt zu liefern. Hier bleibt das korrigierte R^2 bei einem Wert von 0,55 bestehen, auch wenn die Cluster aus dem Modell ausgeschlossen werden.

8.3   Zusammenfassung

Die Analysen der Verkehrsmittelnutzung zeigen, dass die fünf identifizierten Wohnpräferenzcluster nicht nur unterschiedliche Präferenzen hinsichtlich des Wohnstandortes haben, sondern sich auch in ihrem Mobilitätsverhalten unterscheiden. So zeichnet sich das Cluster *Wohnen mit Kind* durch den höchsten Anteil nicht-motorisierter Verkehrsmittel und einen hohen Nutzungsanteil öffentlicher Verkehrsmittel aus. Den Pkw nutzen sie kaum und fühlen sich auch nicht auf ein Auto angewiesen, um den Alltag zu organisieren. Das Cluster *Urbanes Wohnen* ist durch ähnliche Nutzungsmuster charakterisiert, wobei der Nutzungsanteil öffentlicher Verkehrsmittel noch höher und der Anteil der Fahrrad-Nutzung geringer ist. Wie anhand der Wohnstandortpräferenzen zu erwarten ist, fällt das Cluster *Autogerechtes Wohnen* durch eine sehr hohe Pkw-Nutzung auf. Im Vergleich zu den anderen Clustern verzeichnen sie die höchsten Pkw-Nutzungsanteile und fühlen sich trotz des zentral gelegenen Wohnstandorts und der guten Anbindung an öffentliche Verkehrsmittel auf ein Auto angewiesen. Die Cluster *Wohnen im Eigenheim* und *Anspruchsvolles Wohnen* haben eine sehr ähnliche Verkehrsmittelnutzung. Sie verzeichnen relativ hohe Nutzungsanteile nichtmotorisierter Verkehrsmittel, insbesondere fahren sie häufig mit dem Fahrrad. Allerdings nutzen sie auch den Pkw vergleichsweise häufig. Obwohl die Haushalts- und Einkommensstruktur des Clusters *Anspruchsvolles Wohnen* in etwa mit dem Cluster *Wohnen mit Kind* übereinstimmt, sind deutliche Unterschiede in der Verkehrsmittelnutzung erkennbar.

Inwiefern die Wohnpräferenztypen signifikant zur Erklärung der Verkehrsmittelnutzung beitragen, wurde anhand von multiplen Regressionsmodellen untersucht, in die als weitere erklärende Variablen die Mobilitätsressourcen der Haushalte sowie soziodemographische Faktoren einbezogen wurden. Hier zeigt sich, dass soziodemographische Merkmale die Verkehrsmittelnutzung in unterschiedlichem Maße beeinflussen. Besonders relevant sind sie für das Zufußgehen, wohingegen die Radnutzung von soziodemographischen Merkmalen unberührt bleibt. Ältere Personen gehen häufiger zu Fuß, wohingegen erwerbstätige Personen seltener zu Fuß gehen. Weiterhin spielt die Haushaltszusammensetzung eine Rolle für die Verkehrsmittelnutzung. Lebt eine Person in einem Paar-Haushalt, so fährt sie häufiger mit dem Pkw als Familien. In Haushalten mit kleinen Kindern unter zwölf Jahren nutzen die Personen seltener öffentliche Verkehrsmittel. Dies lässt sich vermutlich auf einen kleineren Aktionsraum zurückführen. Da Kinder im Kita- und Grundschulalter häufig Begleitwege erfordern, die Betreuungs- und Freizeitangebote aber meist in der Nähe des Wohnumfelds liegen, gehen sie häufiger zu Fuß.

Weiterhin sind Mobilitätsressourcen als vorgelagerte Mobilitätsentscheidung von Bedeutung für die Verkehrsmittelnutzung. Wird ein Verkehrsmittel bzw. der Zugang dazu erworben, so wird es auch verstärkt genutzt. Dies trifft insbesondere auf die Anschaffung eines Autos sowie auf den Erwerb einer Monats-/ Jahreskarte für den ÖPNV zu. Mit jedem (weiteren) Pkw im Haushalt steigt die Pkw-Nutzung, wohingegen die Nutzungsanteile öffentlicher Verkehrsmittel und des Fahrrads sinken. Ist eine Zeitkarte für den öffentlichen Nahverkehr vorhanden, nutzen die Personen folglich häufiger den ÖPNV, fahren jedoch seltener mit dem Fahrrad und mit dem Auto. Auch die Anzahl der Fahrräder im Haushalt wirkt sich positiv auf die Fahrradnutzung aus, allerdings werden hierdurch keine gegenteiligen Effekte auf die anderen Verkehrsmittel erzielt. Der Besitz eines Fahrrads hat damit im Kontext von vorgelagerten Mobilitätsentscheidungen einen deutlich geringeren Einfluss auf die Verkehrsmittelnutzung als der Erwerb eines Autos oder einer Zeitkarte für den öffentlichen Nahverkehr. Einzig das Zufußgehen bleibt von den Mobilitätsressourcen der Haushalte unberührt. Die Ergebnisse bestätigen damit, dass die Verkehrsmittelnutzung meist schon im Vorfeld über den Erwerb von Mobilitätsressourcen eingegrenzt und festgelegt wird. Die Wohnpräferenzcluster tragen wesentlich zur Erklärung der Verkehrsmittelnutzung bei. Werden sie nicht in die Analysen einbezogen, nimmt die Güte der Modelle für die Nutzungsanteile des Pkw, des Fahrrads und des Zufußgehens zum Teil deutlich ab. Als Referenzkategorie wurde das Cluster *Autogerechtes Wohnen* ausgewählt, das sich durch eine ausgeprägte Pkw-Nutzung sowie geringe Nutzungsanteile des öffentlichen Nahverkehrs und des Fahrrads auszeichnet. Im Vergleich zu diesem Cluster erweisen sich die Cluster *Wohnen mit Kind* und *Urbanes Wohnen* als Anhänger des Umweltverbunds: Sie nutzen häufiger nicht-motorisierte Verkehrsmittel und den öffentlichen Nahverkehr. Präferenzen für ein kindgerechtes bzw. nutzungsgemischtes Umfeld mit Einkaufsgelegenheiten, Gastronomie und Freizeitangeboten wirken sich demnach positiv auf die Nutzung von Verkehrsmitteln des Umweltverbunds aus. Weiterhin unterscheidet sich das Cluster *Wohnen im Eigenheim* hinsichtlich einer höheren Radnutzung vom Cluster *Autogerechtes Wohnen*. Für das Cluster *Anspruchsvolles Wohnen* konnte im Vergleich zum Cluster *Autogerechtes Wohnen* kein signifikanter Einfluss auf die Verkehrsmittelnutzung festgestellt werden. Insgesamt zeigt sich somit, dass die Wohnpräferenzcluster die Verkehrsmittelnutzung weiter differenzieren und eine relevante Erklärungsgröße zusammen mit den Mobilitätsressourcen der Haushalte sowie mit soziodemographischen Merkmalen darstellen.

9 Fazit und Ausblick

In den letzten Jahren ist das Interesse am Wohnen in der Stadt gestiegen und innerstädtische Neubautätigkeiten haben zugenommen. Vor diesem Hintergrund stellt sich verstärkt die Frage, inwiefern die räumlichen Merkmale eines zentral gelegenen Wohnstandorts per se zu einem umweltfreundlichen Mobilitätsverhalten beitragen oder, ob individuelle Präferenzen in Bezug auf die Entscheidung für einen Wohnstandort von (größerer) Bedeutung für das Mobilitätsverhalten sind. In der vorliegenden Arbeit wird am Beispiel eines innerstädtischen Neubaugebiets mit unterschiedlichen Gebäudetypen in Berlin untersucht, inwiefern Wohnstandortpräferenzen die Verkehrsmittelnutzung beeinflussen. Dabei steht die Identifizierung und Charakterisierung von Bewohnergruppen mit unterschiedlichen Wohnstandortpräferenzen im Vordergrund. Im Folgenden werden die empirischen Ergebnisse zusammengefasst, mögliche Implikationen für die Stadtplanung und Politik vorgestellt und weiterer Forschungsbedarf aufgezeigt.

9.1 Zusammenfassung der Untersuchungsergebnisse

Ein innerstädtisches Neubaugebiet im gesamtstädtischen Kontext

Die Charakterisierung der Bewohner im Untersuchungsgebiet im Vergleich zur Bevölkerung der inneren und äußeren Stadt Berlins zeigt, dass ein selektiver Zuzug von gut ausgebildeten Personen mittleren Alters mit einem hohen Einkommen stattgefunden hat. Dies bestätigt die Ergebnisse anderer Untersuchungen, dass Neubaugebiete in der Regel von einkommensstarken Bevölkerungsgruppen nachgefragt werden (Davidson/ Lees 2010, Sandfuchs 2009: 140f, Beauregard 2005: 2440). Trotz der insgesamt relativ homogenen Bewohnerstruktur ergeben sich zwischen den Bewohnern des Reihenhausgebiets und den Bewohnern des Mehrfamilienhausgebiets Unterschiede. Dies kommt besonders deutlich in der Haushaltszusammensetzung zum Ausdruck: Demnach wählen insbesondere Familien das Reihenhausgebiet als Wohnstandort aus, wohingegen im Mehrfamilienhausgebiet vor allem Paarhaushalte sowie Ein-Personen-Haushalte leben. Wie auch in anderen Großstädten, überwiegen in der inneren Stadt Ein-Personen-Haushalte. Auch in der äußeren Stadt, also in den randstädtischen Gebieten von Berlin, leben die Bewohner im Vergleich zum Untersuchungsgebiet häufiger in kleineren Haushalten. Insbesondere das Reihenhausgebiet fällt damit nicht nur durch eine für innerstädtische Lagen ‚untypische' Wohnform auf, sondern auch die Bewohnerstruktur unterscheidet sich vom Durchschnitt der Innenstadtbewohner. Frank (2014) spricht in diesem Zusammenhang von der Herausbildung von Familienenklaven als funktionale Äquivalente der klassischen Suburbs und stellt damit eine „innere Suburbanisierung" fest. Da sich die Bewohnerstruktur des Reihenhausgebiets vornehmlich aus Familien zusammensetzt und die Wohnform des Reihenhauses mit Garten suburban anmutet, sind hier durchaus Parallelen zu suburbanen Gebieten erkennbar. Dennoch zeigt sich, dass die Bewohner des Untersuchungsgebiets bewusste Innenstadtbewohner sind und suburbane Lagen bei der Wohnstandortsuche kaum in Betracht gezogen haben.

Alltagsmobilität der Bewohner: Diskrepanz zwischen Pkw-Besitz
und Pkw-Nutzung

Im Hinblick auf die Alltagsmobilität fällt auf, dass die Bewohner des Untersuchungsgebiets über vielfältige Mobilitätsressourcen verfügen. Besonders deutlich wird dies beim Pkw-Besitz: Im Vergleich zum Durchschnitt der inneren Stadt ist der Anteil der Haushalte mit mindestens einem Pkw fast doppelt so hoch. Selbst im Vergleich zur äußeren Stadt liegt die Pkw-Besitzquote im Untersuchungsgebiet höher und es finden sich hier mehr Haushalte mit einem Zweitauto wieder. Vor dem Hintergrund, dass das Gebiet sehr gut an den öffentlichen Nahverkehr angebunden ist und die kompakte und nutzungsgemischte Siedlungsstruktur der angrenzenden Stadtteile die Nutzung nicht-motorisierter Verkehrsmittel ermöglicht, ist dieses Ergebnis besonders überraschend.

Der überdurchschnittlich hohe Pkw-Besitz lässt eine ebenso hohe Pkw-Nutzung im Alltag vermuten (Jarass/ Heinrichs 2014). Die Ergebnisse weisen allerdings darauf hin, dass die Bewohner des Reihenhausgebiets verhältnismäßig selten das Auto nutzen und sich damit kaum von den Innenstadtbewohnern unterscheiden. Hingegen legen sie viele Wege mit dem Fahrrad zurück. Die eher suburbane Wohnform des Reihenhauses mit Garten geht somit nicht mit höheren Nutzungsanteilen des Pkw einher, wie sie für das suburbane Umland typisch sind (z.B. Pucher/ Renne 2005). Zumindest im Hinblick auf die Verkehrsmittelnutzung ist somit keine „innere Suburbanisierung" erkennbar (Frank 2014).

Die Bewohner des Mehrfamilienhausgebiets nutzen hingegen deutlich häufiger den Pkw auf ihren Alltagswegen. Nicht ganz so häufig wie die Bewohner der äußeren Stadt, aber deutlich häufiger als die Innenstadtbewohner. Somit ist ein innerstädtischer Wohnstandort mit einer guten Anbindung an öffentliche Verkehrsmittel und kurzen Wegen zu Versorgungs- und Freizeitangeboten kein Garant für ein umweltverträgliches Mobilitätsverhalten.

Reurbanisierung oder innerstädtischer Wohnstandortwechsel?

Um innerstädtische Gebiete aufzuwerten und den Zuzug von wohlhabenden Bevölkerungsgruppen aus dem Umland zu fördern, stellt die Entwicklung von innerstädtischen Neubaugebieten häufig auch eine politisch-planerische Strategie dar (Doucet 2010, Hall/ Hubbard 1996). Inwiefern durch die Entwicklung von innerstädtischen Neubaugebieten tatsächlich Bevölkerungsgruppen aus dem Umland zuziehen und damit Reurbanisierungsprozesse gefördert werden können, ist bisher allerdings unklar.

Für die Bewohner des Untersuchungsgebiets können keine Reurbanisierungsprozesse im Sinne von Umland-Stadt-Wanderungen festgestellt werden: Die meisten Bewohner sind aus anderen innerstädtischen Stadtteilen zugezogen. Dabei haben sie sich bewusst für das Wohnen in der Stadt entschieden, da sie in erster Linie innerstädtische Gebiete bei der Wohnstandortsuche in Betracht gezogen haben. Wie es bei innerstädtischen Wohnstandortwechseln häufig der Fall ist, stand der Beginn einer neuen Lebensphase (Zusammenziehen, Familiengründung etc.) als Auslöser für den Umzug im Vordergrund. Diese Veränderung ging dann mit dem Wunsch nach einer Anpassung der Wohnverhältnisse (größere Wohnung, Garten etc.) einher. Interessant ist hier, dass ein großer Anteil der Befragten vor dem Umzug in direkt angrenzenden Stadtteilen gewohnt hat. Dies unterstreicht die grundsätzliche Zufriedenheit mit dem Wohnumfeld und deutet darauf hin, dass die Befragten vor dem Umzug bereits im Stadtteil verwurzelt waren.

Gleichzeitig legen die Ergebnisse nahe, dass Abwanderungsprozesse von Familien ins Umland durch die Entwicklung innerstädtischer Neubaugebiete teilweise abgeschwächt werden können, sofern entsprechende Qualitäten angeboten werden. Auf die Frage, welche Kriterien bei der Wohnstandortwahl besonders relevant waren, haben insbesondere Familien angegeben, dass ihnen ein Garten bzw. ein eigenes Haus wichtig seien. Die Entwicklung eines innerstädtischen Neubaugebiets mit entsprechenden Freiraumqualitäten und Gebäudetypen scheint damit eine Alternative zu einem suburbanen Wohnstandort zu bieten.

Mobilitätsbezogene Kriterien bei der Wohnstandortwahl

Im Rahmen der Wohnstandortwahl zeigt sich, dass mobilitätsbezogene Kriterien von besonderer Bedeutung für die Bewohner des Untersuchungsgebiets waren. Das zentrale Kriterium für die Wohnstandortentscheidung war eine gute Anbindung an öffentliche Verkehrsmittel. Aber auch eine zentrale Lage in der Stadt, die stellvertretend für gute Erreichbarkeiten täglicher Aktivitäten steht, haben die Bewohner als sehr wichtig bewertet. Wie auch Fuchte (2006) feststellt, scheint

demnach anhand von mobilitätsbezogenen Kriterien eine Vorauswahl an potenziellen Wohnstandorten stattzufinden. Innerhalb dieser möglichen Wohnlagen werden dann weitere Kriterien herangezogen, um eine geeignete Wohnung in einem
geeigneten Wohnumfeld auszuwählen. Somit übernehmen mobilitätsbezogene
Kriterien zumindest bei innerstädtischen Wohnstandortwechseln eine überaus
wichtige Funktion. Somit gehen mobilitätsbezogene Kriterien häufig als vorgelagerte Entscheidungskriterien in die sequentiell ablaufende Wohnstandortwahl
ein. Die Relevanz von mobilitätsbezogenen Kriterien in Bezug auf die Wohnstandortwahl konnte auch in anderen Untersuchungen bestätigt werden (z.b.
Kühl 2014: 32, Tillema/ Van Wee/ Ettema 2010, Van Wee/ Holwerda/ Van Baren
2002).

Vielfältige Wohnstandortpräferenzen in einem kleinräumigen Wohngebiet

Abgesehen von der Relevanz der oben dargestellten mobilitätsbezogenen Kriterien haben die Bewohner ganz unterschiedliche Anforderungen an den Wohnstandort gestellt. Anhand einer Clusteranalyse konnten fünf Bewohnergruppen
identifiziert werden, die auf unterschiedliche Merkmale der Wohnung, des Wohnumfelds und der Erreichbarkeiten Wert gelegt haben: *Wohnen mit Kind, Autogerechtes Wohnen, Urbanes Wohnen, Wohnen im Eigenheim* und *Anspruchsvolles
Wohnen.* Dies zeigt, dass selbst in einem kleinräumigen Wohngebiet eine selektive Wohnstandortwahl anhand von Präferenzen stattfindet. Da zudem eine insgesamt hohe Wohnzufriedenheit unter den Bewohnern festzustellen ist, deutet dies
darauf hin, dass das innerstädtische Neubaugebiet vielfältigen Bedürfnissen der
städtischen Bevölkerung gerecht wird.

So haben die Personen des Clusters *Wohnen mit Kind* insbesondere darauf
geachtet, in ein kindgerechtes Wohnumfeld zu ziehen. Erwartungsgemäß besteht
dieses Cluster größtenteils aus Familien. Das Cluster *Anspruchsvolles Wohnen*
setzt sich ebenfalls überwiegend aus Familien zusammen, allerdings sind die
Präferenzen dieser Gruppe anders gelagert: Sie haben insgesamt deutlich mehr
Ansprüche an ihren Wohnstandort gestellt. Neben Privatheit und Eigentum, einem kindgerechten und gleichzeitig nutzungsgemischten Umfeld war ihnen auch
eine gute Pkw-Infrastruktur wichtig. Privatheit und Eigentum, eher untypische
Eigenschaften für urbane Wohnstandorte, haben die Personen des Clusters *Anspruchsvolles Wohnen* größtenteils im Reihenhaus mit Garten gefunden. Das
Cluster *Wohnen mit Kind* hat sich hingegen relativ gleichmäßig auf das Reihen-
haus- und das Mehrfamilienhausgebiet verteilt. Demnach haben sie sich weniger
auf eine bestimmte Wohnform festgelegt, sodass vermutlich auch ein anderer innerstädtischer Wohnstandort in Betracht gekommen wäre, sofern dieser auf die
Bedürfnisse von Familien ausgerichtet ist. Das Cluster *Autogerechtes Wohnen*

setzt sich gleichermaßen aus Paarhaushalten wie aus Familien zusammen, denen eine gute Pkw-Infrastruktur und ein gepflegtes Wohnumfeld wichtig waren. Wie zu erwarten, ist der Pkw-Besitz in diesem Cluster besonders hoch. Das Gegenstück hierzu stellt das Cluster *Urbanes Wohnen* dar. Sie verfügen im Vergleich zu den anderen Clustern am seltensten über einen Pkw im Haushalt. Dementsprechend haben sie bei der Wohnstandortwahl keinen Wert auf eine gute Pkw-Infrastruktur gelegt. Stattdessen haben sie auf eine kleinteilige und nutzungsgemischte Siedlungsstruktur geachtet. Vor allem Paarhaushalte und Single-Haushalte finden sich in diesem Cluster wieder. Das Cluster *Wohnen im Eigenheim* setzt sich aus Familien und Paarhaushalten zusammen, deren Priorität bei der Wohnstandortwahl auf dem Erwerb von Eigentum lag. Durch diesen Fokus sind andere Kriterien in den Hintergrund gerückt. Wie die Personen des Clusters *Anspruchsvolles Wohnen* sind auch sie fast ausnahmslos im Reihenhausgebiet zu finden.

Alltagsmobilität der Wohnpräferenzcluster

Auch hinsichtlich der Mobilitätsressourcen unterscheiden sich die Wohnpräferenzcluster. Dabei sind die Cluster *Autogerechtes Wohnen*, *Wohnen im Eigenheim* und *Anspruchsvolles Wohnen* durch einen sehr hohen Pkw-Besitz gekennzeichnet, wohingegen die Cluster *Urbanes Wohnen* und *Wohnen mit Kind* häufiger über eine Monats- oder Jahreskarte für die Nutzung öffentlicher Verkehrsmittel verfügen.

Diese Unterschiede spiegeln sich auch in den Mobilitätsmustern wider. So fühlen sich die Personen des Clusters *Autogerechtes Wohnen* besonders stark im Alltag auf ein Auto angewiesen und nutzen es dementsprechend häufig. Die Cluster *Wohnen mit Kind* und *Urbanes Wohnen* zeichnen sich hingegen durch die Nutzung nicht-motorisierter und öffentlicher Verkehrsmittel aus. Auffallend ist zudem die besonders deutlich ausgeprägte Diskrepanz zwischen Pkw-Besitz und Pkw-Nutzung bei den Personen der Cluster *Wohnen im Eigenheim* und *Anspruchsvolles Wohnen*. Fast alle Personen dieser Cluster haben mindestens einen Pkw im Haushalt, allerdings nutzen sie für den Großteil ihrer Aktivitäten andere Verkehrsmittel als den Pkw. Da es sich bei dem Cluster *Anspruchsvolles Wohnen* in erster Linie um Familien handelt, könnte der Pkw demnach eine „Mobilitätsreserve für Ausflüge, Urlaube, Notfälle (kranke Kinder) und größere Transporte" darstellen, wie eine Studie zur Familienmobilität die Diskrepanz zwischen Pkw-Besitz und Pkw-Nutzung erklärt (BMVI 2015: 17). In diesem Zusammenhang zeigt sich zudem, dass Familienmobilität nicht gleich Familienmobilität ist. Auch das Cluster *Wohnen mit Kind* setzt sich in erster Linie aus Familien zusammen, zeichnet sich allerdings durch andere Mobilitätsmuster aus als das Cluster *Anspruchsvolles Wohnen*. Interessant ist auch der überdurchschnittlich hohe Anteil der Fahrradnutzung bei den Clustern *Wohnen mit Kind, Wohnen im Eigenheim* und *Anspruchsvolles Wohnen*. Trotz unterschiedlicher Wohnstandortpräferenzen übernimmt das Fahrrad damit eine besondere Rolle in der Alltagsmobilität für diese Cluster. Dementsprechend stellt das Fahrrad – als Modus des flexiblen Individualverkehrs – in innerstädtischen Gebieten möglicherweise ein Äquivalent zum Pkw in suburbanen Gebieten dar.

Inwiefern die Wohnstandortpräferenzen der identifizierten Cluster einen direkten Beitrag zur Erklärung der Verkehrsmittelnutzung neben weiteren Einflussfaktoren leisten können, wurde anhand multipler Regressionsmodelle untersucht. Werden neben soziodemographischen Merkmalen und Mobilitätsressourcen auch Wohnstandortpräferenzen einbezogen, so können die Pkw-Nutzung, die Fahrrad-Nutzung und das Zufußgehen deutlich besser erklärt werden. Damit zeigt sich, dass die räumlichen Rahmenbedingungen eines innerstädtischen Wohnstandorts vielfältige Mobilitätsoptionen bieten, im Endeffekt aber individuelle Möglichkeiten und Präferenzen das Mobilitätsverhalten lenken. Wohnstandortpräferenzen und Mobilitätsverhalten stehen damit in einem engen Zusammenhang. Demnach können selbst in einem kleinräumigen Gebiet Effekte einer selektiven Wohnstandortwahl beobachtet werden.

9.2   Praxisbezogene Schlussfolgerungen

Basierend auf den empirischen Ergebnissen werden im Folgenden praxisbezogene Schlussfolgerungen dargestellt. Die Erkenntnisse können sowohl für die Entwicklung innerstädtischer Neubaugebiete als auch für bereits bestehende Wohngebiete von Interesse sein.

Nutzen statt besitzen – CarSharing im Wohngebiet

Die Ergebnisse zeigen, dass Pkw-Besitz und Pkw-Nutzung im Untersuchungsgebiet deutlich auseinander gehen. Der Pkw-Besitz ist im Vergleich zur Gesamtstadt überdurchschnittlich hoch. Die Pkw-Nutzung fällt hingegen bei den Clustern *Wohnen mit Kind* und *Urbanes Wohnen* sehr gering aus. Auch die Personen der Cluster *Wohnen im Eigenheim* und *Anspruchsvolles Wohnen* weisen eine deutliche Diskrepanz zwischen Pkw-Besitz und Pkw-Nutzung auf. Demnach nutzen viele Bewohner das Auto nur gelegentlich und greifen stattdessen auf andere Verkehrsmittel für tägliche Aktivitäten zurück. Denkbar wäre daher, den

Bewohnern die Möglichkeit gemeinschaftlich genutzter Autos zu bieten. Somit könnten Haushalte auf einen eigenen Pkw verzichten, die vorhandenen Pkw-Stellflächen anderweitig nutzen und trotzdem bei Bedarf auf ein Auto zurückgreifen. Das Teilen von Autos kann dabei auf unterschiedliche Art organisiert sein und sowohl in existierende Wohngebiete als auch in die Entwicklung neuer Wohngebiete einbezogen werden. Im Rahmen eines wohnstandortbezogenen Mobilitätsmanagements können etwa Wohnungsbaugesellschaften eigenständig oder in Kooperation mit einem CarSharing-Anbieter den Bewohnern gemeinschaftlich genutzte Fahrzeuge zur Verfügung stellen (BMVIT 2016: 36ff). Weiterhin bietet sich in einem kleinräumigen Wohngebiet privates CarSharing an. Dabei können Bewohner ihren Pkw der Nachbarschaft gegen eine Nutzungsgebühr zur Verfügung stellen. Die Nutzung kann hier entweder informell abgesprochen oder über entsprechende (Online-)Plattformen (z.B. drivy, tamycar) organisiert werden. Diese Formen der Autonutzung bieten sich an, wenn zum einen vielfältige Alternativen zum Pkw bestehen und zum anderen der Pkw nicht häufig genutzt wird.

Individuelle Mobilitätsberatung und Ausprobieren von bisher ungenutzten
Mobilitätsoptionen

Für Personen, die das Gefühl haben im Alltag auf ein Auto angewiesen zu sein - wie sie im Cluster *Autogerechtes Wohnen* zu finden sind - scheint das bloße Vorhandensein von Mobilitätsalternativen zum (eigenen) Pkw keine Lösung zu sein. Hier könnte eine individuelle Mobilitätsberatung bisher ungenutzte Alternativen zum Pkw aufzeigen. Dass das Ausprobieren bisher ungenutzter Verkehrsmittel auch bisher ungeahnte Vorteile mit sich bringen kann, zeigt eine Aussage der explorativen Interviews: „Ich bin eigentlich überhaupt kein Radfahrtyp gewesen, noch nie in meinem Leben, [...]. Dann haben wir ein super Fahrrad gekauft und dann habe ich im Herbst auch angefangen bis das Wetter richtig schlecht wurde. [...] weil das eine halbe Stunde ist und ich festgestellt habe, dass man nach einer halben Stunde Radfahren viel entspannter ankommt als nach 20 Minuten Autofahren. Also ich war dann wirklich begeistert" (Interview B. 2012). Somit kann auch in einem innerstädtischen Wohngebiet mit vielfältigen Mobilitätsoptionen eine individuelle Mobilitätsberatung sinnvoll sein, um die Wahrnehmung von umweltverträglichen Mobilitätsoptionen zu erweitern und den Zugang zu erleichtern. Nicht immer reicht eine Beratung aus, bei der die individuellen Anforderungen und Bedürfnisse identifiziert werden. Häufig geht es darum, eigene Erfahrungen zu sammeln und bisher ungenutzte Mobilitätsoptionen auszuprobieren. Dies zeigen zwei Experimente, die im Rahmen des EcoMobility World Festivals in Südkorea und Johannesburg durchgeführt wurden. In Südkorea mussten

Bewohner eines Wohngebiets einen Monat auf ihre Autos verzichten, in Johannesburg wurden Pendler dazu aufgefordert, vier Wochen lang auf umweltverträgliche Verkehrsmittel umzusteigen. Die Erkenntnisse belegen, dass die eigenen Erfahrungen mit bisher selten oder nicht genutzten Verkehrsmitteln trotz anfänglicher Skepsis häufig sehr positiv aufgenommen werden und in der Folge dem Autofahren vorgezogen werden (Kuttler/ Zimmermann/ Otto-Zimmermann 2016, Otto-Zimmermann/ Park 2015).

Familien in der Stadt

Die Untersuchungsergebnisse verdeutlichen, dass Familien hinsichtlich ihrer Wohnstandortanforderungen durchaus differenziert betrachtet werden sollten. So haben die Personen des Clusters *Wohnen mit Kind* in erster Linie auf ein kindgerechtes Wohnumfeld (Parks, Nähe zu Schulen etc.) geachtet, die Art der Wohnung war ihnen hingegen weniger wichtig. Sie verteilen sich in etwa gleichmäßig über das Reihen- und das Mehrfamilienhausgebiet. Dies verdeutlicht, dass für die Personen des Clusters *Wohnen mit Kind* vermutlich auch ein anderer innerstädtischer Wohnstandort in Betracht gekommen wäre, sofern dieser auf die Bedürfnisse von Familien ausgerichtet ist. Das Cluster *Anspruchsvolles Wohnen*, das ebenfalls größtenteils aus Familien besteht, zeichnet sich durch vielfältige Anforderungen an die Wohnung und das Wohnumfeld aus. Dabei fällt auf, dass diese Familien besonderen Wert auf Privatheit und Eigentum gelegt haben. Dementsprechend sind sie in ein Reihenhaus mit Garten gezogen. Gäbe es solche Wohnformen nicht in innerstädtischen Gebieten, würden Familien mit entsprechenden Wohnstandortpräferenzen vermutlich an den Stadtrand oder ins Umland ziehen. Dies ist für viele Familien bereits der Fall, die sich einen Wohnstandort in der Stadt nicht leisten können (z.B. Maretzke et al. 2008: 12). Andererseits sind Reihenhäuser sehr viel flächenintensiver als Geschosswohnungsbau; zudem werden diese Wohnformen häufig im Zusammenhang mit wenig nutzungsgemischten Wohngebieten entwickelt (Rummelsburger Bucht, Berlin; Gilde-Carrée, Hannover etc.). Das bedeutet, dass sie keine Anziehungskraft auf andere Stadtbewohner ausüben und somit eine ‚verlorene‘ Fläche des ohnehin knapp bemessenen öffentlichen Raums darstellen. Wenn die Stadtplanung den Anforderungen dieser Familien dennoch gerecht werden möchte, besteht die Möglichkeit nutzungsgemischte Gebiete zu schaffen, die auch für andere Stadtbewohner von Interesse sind. Dies würde auch den Bewohnern des Wohngebiets selbst zugutekommen: Wie sich in der Bewohnerbefragung herausgestellt hat, wünschen sich viele der Befragten ein nutzungsgemischtes Wohnumfeld. Um der Problematik des Flächenverbrauchs zu begegnen, sind ähnliche Wohnformen in verdichteter Bauweise denkbar. Ein Extrembeispiel hierfür sind Einfamilienhäuser als Dachaufbauten von 11- bis 15-geschossigen Wohnkomplexen im Märkischen Viertel in Berlin (Gesobau). Demnach könnten auch innerstädtische Reihenhäuser ‚gestapelt' werden und damit für zwei oder mehr Familien Platz bieten.

9.3 Weiterer Forschungsbedarf

Die Analysen der vorliegenden Arbeit verdeutlichen, dass Wohnstandortpräferenzen wesentlich zur Erklärung des Mobilitätsverhaltens beitragen und der Ansatz der Wohnpräferenzcluster – also die Identifizierung und Charakterisierung von Bewohnern mit unterschiedlichen Präferenzen – hilfreich ist, um zielgruppenspezifische Mobilitätsangebote bereitzustellen. Da der Zusammenhang zwischen dem individuellen Präferenzspektrum in Bezug auf die Wohnstandortwahl und dem Mobilitätsverhalten sehr komplex ist, ergeben sich weitere Forschungsbereiche. Zudem haben die Ergebnisse einige Besonderheiten zur urbanen Alltagsmobilität aufgezeigt, deren weitere Untersuchung im Hinblick auf eine umweltverträgliche Mobilität in Städten lohnenswert ist.

In Bezug auf das Mobilitätsverhalten der Bewohner des Untersuchungsgebiets konnte eine deutliche Diskrepanz zwischen Pkw-Besitz und Pkw-Nutzung festgestellt werden. Insbesondere in innerstädtischen Lagen sind häufig vielfältige Mobilitätsangebote vorhanden, die Alternativen zur Pkw-Nutzung bieten. Zum Teil wird die Pkw-Nutzung auch durch die dichte Siedlungsstruktur und den Mangel an Parkplätzen erschwert. In diesem Zusammenhang stellt sich die Frage, warum ein Pkw trotz der geringen Pkw-Nutzung vorgehalten wird und welche Bedeutung dem Pkw in diesen Haushalten zukommt. Wird er eher als Reserve für Notfälle (z.B. Arztbesuch mit Kindern) vorgehalten, für seltene aber längere Strecken (z.B. Urlaubsfahrten) genutzt oder wird der Pkw als Luxusgegenstand betrachtet, auf den jeder Zeit und spontan zugegriffen werden kann (ohne sich etwa bei einem Car-Sharing Anbieter anmelden zu müssen)? Zudem wäre es sinnvoll, die mit dem Pkw zurückgelegte Strecke verstärkt in den Blick zu nehmen, denn eine geringe Pkw-Nutzung muss nicht zwangsläufig mit einer geringen Verkehrsleistung einhergehen. Diese Diskrepanz zu verstehen, kann weitergehende Hinweise liefern, inwiefern Pkw-Besitz und Pkw-Nutzung zusammenhängen und der Pkw-Besitz als vorgelagerte Mobilitätsentscheidung die tatsächliche Pkw-Nutzung beeinflusst.

Im Hinblick auf stadtplanerische Implikationen wäre zudem zu klären, inwiefern das Vorhandensein eines Pkw-Stellplatzes den Pkw-Besitz in innerstädtischen Lagen beeinflusst. Dabei stellt sich die Frage, ob ein Pkw eher angeschafft bzw. behalten wird, wenn ein privater Pkw-Stellplatz zur Verfügung steht, auch wenn der Pkw nur selten genutzt wird. Für New York konnte Guo (2013: 24f) beispielsweise feststellen, dass die Verfügbarkeit von Pkw-Stellplätzen den Pkw-Besitz beeinflusst und diesen zum Teil besser erklären kann als soziodemographische Merkmale.

Weiterhin konnte für die Bewohner des Untersuchungsgebiets festgestellt werden, dass die Fahrradnutzung überdurchschnittlich hoch ist und insbesondere Personen in Familienhaushalten viele Strecken mit dem Rad zurücklegen. Da die Phase der Familiengründung häufig mit der Anschaffung und Nutzung eines Pkw in Verbindung gebracht wird (z.B. Oakil et al. 2014: 889, Prillwitz et al. 2006: 75, Lanzendorf 2003: 276), ist dieses Ergebnis besonders überraschend und sollte weiter untersucht werden. Dabei ist bisher unklar, inwiefern das Fahrrad in innerstädtischen Gebieten ein Äquivalent zum Pkw in suburbanen Gebieten – als Modus des Individualverkehrs – darstellt. Insbesondere Personen, die sowohl über einen Pkw als auch über ein Fahrrad verfügen, sind dabei eine aufschlussreiche Gruppe, um die Vor- und Nachteile der beiden Verkehrsmittel im Stadtverkehr für Familien zu vergleichen.

Vor dem Hintergrund von Suburbanisierung und Reurbanisierung stellt sich zudem die Frage, inwiefern Abwanderungsprozesse durch die Entwicklung innerstädtischer Neubaugebiete mit entsprechenden Freiraumqualitäten und Gebäudetypen abgeschwächt werden können. Die Ergebnisse weisen darauf hin, dass insbesondere für Familien sowohl die zentrale Lage in der Stadt als auch Kriterien, wie ein eigener Garten oder ein Haus, wesentlich zur Entscheidung für den Wohnstandort beigetragen haben. Denkbar ist, dass es zu Abwanderungstendenzen gekommen wäre, wenn die Kombination aus diesen Merkmalen nicht realisierbar gewesen wäre. So weisen andere Studien darauf hin, dass ein Wohnstandort im Umland – insbesondere bei angespannten Wohnungsmärkten – häufig die Folge einer „Second-Best-Lösung" ist (Beckmann/ Witte/ Driessen 2007: 76). Inwiefern in einem solchen Fall für die Befragten des Untersuchungsgebiets ein Wohnstandort im Umland in Frage gekommen wäre, hängt von der Priorisierung der Wohnstandortkriterien ab. Konkret stellt sich hier die Frage, ob die Ausstattung der Wohnung oder die Lage der Wohnung in einem Abwägungsprozess an Relevanz gewinnt. Hierzu besteht weiterer Forschungsbedarf, um festzustellen, an welchen Stellen die vorgenommene Priorisierung von Präferenzen durch strukturelle Rahmenbedingungen durchbrochen (z.B. Wohnungsmarkt, andere Haushaltsmitglieder) und die Gewichtung der Präferenzen verändert wird. Daher wäre die Untersuchung des konkreten Entscheidungsprozesses sinnvoll, indem Personen über einen längeren Zeitraum bei dem Prozess der Wohnstandortwahl begleitet werden.

Die Untersuchungsergebnisse zeigen, dass der Ansatz der Wohnpräferenzcluster geeignet ist, um auch innerhalb eines kleinräumigen Wohngebiets Bevölkerungsgruppen mit unterschiedlichen Präferenzen zu identifizieren und Aussagen über deren Mobilitätsverhalten ableiten zu können. Dabei spielen auch die

Beschaffenheit und die Ausstattung der Wohnung (z.B. eigener Garten) neben Kriterien des Wohnumfelds und Erreichbarkeiten eine wichtige Rolle für die Bildung der Wohnpräferenzcluster. In diesem Zusammenhang wäre die Hinzunahme weiterer wohnungsbezogener Merkmale aufschlussreich, um die selektive Wohnstandortwahl und den Einfluss auf das Mobilitätsverhalten nicht nur innerhalb eines Wohngebiets, sondern auch innerhalb eines Hauses zu untersuchen. Somit könnten entsprechende Mobilitätskonzepte bei dem Bau von Gebäuden und der Entwicklung von Wohnungen mitgeplant werden.

Weiterhin wäre es aufschlussreich, den Ansatz der Wohnpräferenzcluster in anderen Gebieten, insbesondere auch in Bestandsgebieten, zu untersuchen. Durch den Fokus auf ein Neubaugebiet als Untersuchungsgebiet konnte gewährleistet werden, dass die Wohnstandortentscheidung nicht lange zurückliegt und sich die Präferenzen seit dem Umzug kaum verändert haben. Gleichzeitig handelt es sich im Untersuchungsgebiet um Bewohner mit relativ hohen Einkommen, so dass davon ausgegangen werden kann, dass die Präferenzen weitestgehend realisiert werden konnten. Welche Rückschlüsse der Ansatz der Wohnpräferenzcluster auf das Mobilitätsverhalten von Bewohnern in Bestandsgebieten erlaubt, ist daher noch zu klären.

Insgesamt weisen die Möglichkeiten des weiteren Forschungsbedarfs daraufhin, dass bisher nur ein Ausschnitt der Wirkung von Wohnstandortpräferenzen auf das Mobilitätsverhalten bekannt ist. Da die vorliegende Arbeit zeigt, dass die ganzheitliche Betrachtung individueller Wohnstandortpräferenzen nicht nur Bewohnergruppen innerhalb eines kleinräumigen Wohngebietes weiter differenzieren kann, sondern auch maßgeblich zur Erklärung der Verkehrsmittelnutzung beiträgt, lohnt es sich diesen Ansatz weiter zu vertiefen.

Literaturverzeichnis

Aditjandra, P. T./ Cao, X./ Mulley, C. (2012): Understanding neighbourhood design impact on travel behaviour: An application of structural equations model to a British metropolitan data. In: Transportation Research Part A 46, 22–32.

Aditjandra, P. T./ Cao, X./ Mulley, C. (2016): Exploring changes in public transport use and walking following residential relocation: A British case study. In: Journal of Transport and Land Use 9 (3) (In Druck), 1–19.

Ahrens, G.-A./ Ließke, F./ Wittwer, R./ Hubrich, S. (2009a): Endbericht zur Verkehrserhebung ‚Mobilität in Städten – SrV 2008' und Auswertungen zum SrV-Städtepegel. Technische Universität Dresden, Dresden.

Ahrens, G.-A./ Ließke, F./ Wittwer, R./ Hubrich, S. (2009b): Nonresponse-Analyse und Gewichtung der Verkehrserhebung ‚Mobilität in Städten – SrV 2008'. Technische Universität Dresden, Dresden.

Amt für Statistik Berlin-Brandenburg (2006): Kartengrundlage Blockebene.

Amt für Statistik Berlin-Brandenburg (2006): Kartengrundlage Statistische Gebiete.

Amt für Statistik Berlin-Brandenburg (2013): Melderechtlich registrierte Einwohnerinnen und Einwohner am Ort der Hauptwohnung in Berlin am 31.12.2012 nach Altersgruppen, Frauen. Potsdam

Amt für Statistik Berlin-Brandenburg (2014): Lange Reihen - Natürliche Bevölkerungsbewegung. URL: https://www.statistik-berlin-brandenburg.de/produkte/produkte-langereihen.asp

Amt für Statistik Berlin-Brandenburg (2014a): Lange Reihen - Wanderungen. URL: https://www.statistik-berlin-brandenburg.de/produkte/produkte-langereihen.asp

Anyaegbu, G. (2010): Using the OECD equivalence scale in taxes and benefits analysis. In: Economic & Labour Market Review 4 (1), 49-54.

Arndt, W.-H./ Zimmermann, F. (2012): Mobilitätsverhalten in Deutschland. Aufbereitung und Auswertung von Mobilitätskennwerten. Difu-Impulse. Deutsches Institut für Urbanisitik, Berlin.

Backhaus, K./ Erichson, B./ Plinke, W./ Weiber, R. (2006): Multivariate Analysemethoden: Eine anwendungsorientierte Einführung. Springer, Berlin, Heidelberg.

Backhaus, K./ Erichson, B./ Plinke, W./ Weiber, R. (2008): Multivariate Analysemethoden: Eine anwendungsorientierte Einführung. Springer, Berlin, Heidelberg.

Bagley, M. N./ Mokhtarian, P. L. (1999): The Role of Lifestyle and Attitudinal Characteristics in Residential Neighborhood Choice. University of California Transportation Center. URL: http://escholarship.org/uc/item//4w7537j#page-3

Bamberg, S. (2006): Is a residential relocation a good opportunity to change people's travel behavior? Results from a theory-driven intervention study. In: Environment and Behavior 38 (6), 820-840.

Bauer, U./ Holz-Rau, C./ Scheiner, J. (2005): Standortpräferenzen, intraregionale Wanderungen und Verkehrsverhalten. Ergebnisse einer Haushaltsbefragung in der Region Dresden. In: Raumforschung und Raumordnung 63 (4), 266-278.

BBSR - Bundesinstitut für Bau-, Stadt- und Raumforschung (Hrsg.) (2015): Wohnungsmarktprognose 2030. BBSR-Analysen KOMPAKT 7/2015, Bonn.

BBSR - Bundesinstitut für Bau-, Stadt- und Raumforschung (Hrsg.) (2011): Zurück in die Stadt - oder: Gibt es eine neue Attraktivität der Städte? BBSR-Berichte KOMPAKT 2/2011, Bonn.

BBSR - Bundesinstitut für Bau-, Stadt- und Raumforschung (Hrsg.) (2013): Innenentwicklungspotenziale in Deutschland. Ergebnisse einer bundesweiten Umfrage und Möglichkeiten einer automatisierten Abschätzung. Bonn.

BBSR - Bundesinstitut für Bau-, Stadt- und Raumforschung (Hrsg.) (2012): Neue Stadtquartiere. BBSR-Analysen Kompakt 08/2012, Bonn.

Beauregard, R. A. (2005): The Textures of Property Markets: Downtown Housing and Office Conversions in New York City. In: Urban Studies 42 (13), 2431–2445.

Beck, U. (1986): Risikogesellschaft. Auf dem Weg in eine andere Moderne. Suhrkamp, Frankfurt am Main.

Beckmann, Klaus J./ Witte, Andreas/ Driessen, Kathrin (2007): Akteure, Beweggründe, Triebkräfte der Suburbanisierung. Motive des Wegzugs – Einfluss der Verkehrsinfrastruktur auf Ansiedlungs- und Mobilitätsverhalten. BBR Online Publikation 21. URL: http://d-nb.info/ 986322989/34/, 14.08.2017

Beige, S. (2008): Long-term and mid-term mobility decisions during life course. Dissertation an der ETH Zürich, Institut für Verkehrsplanung und Transportsysteme.

Bhat, C. R./ Eluru, N. (2009): A copula-based approach to accommodate residential self-selection effects in travel behavior modeling. In: Transportation Research Part B 43, 749–765.

Blije, B. (2005): The impact of accessibility on residential choice - empirical results of a discrete choice model. In: 45th Congress of the European Regional Science Association 23-27 August 2005, Vrije Universiteit Amsterdam. URL: http://www-sre.wu-wien.ac.at/ersa/ersaconfs/ ersa05/papers/626.pdf

BMVBS - Bundesministerium für Verkehr, Bau und Stadtentwicklung (Hrsg.) (2010): Reurbanisierung der Innenstadt. BMVBS-Online-Publikation 19/2010, Berlin.

BMVBS - Bundesministerium für Verkehr, Bau und Stadtentwicklung (Hrsg.) (2011): Ohne Auto einkaufen. Nahversorgung und Nahmobilität in der Praxis. Werkstatt: PraxisHeft 76, Berlin.

BMVBS/ BBR - Bundesministerium für Verkehr, Bau und Stadtentwicklung und Bundesamt für Bauwesen und Raumordnung (Hrsg.) (2007): Akteure, Beweggründe, Triebkräfte der Suburbanisierung. Motive des Wegzugs – Einfluss der Verkehrsinfrastruktur auf Ansiedlungs- und Mobilitätsverhalten. BBR-Online-Publikation 21/2007, Berlin, Bonn.

BMVBS/ BBSR - Bundesministerium für Verkehr, Bau und Stadtentwicklung und Bundesinstitut für Bau-, Stadt- und Raumforschung (Hrsg.) (2009): Stadt als Wohnort für Familien. Ergebnisse der ExWoSt-Studie „Strategien und Aktionsfelder für städtisches Wohnen von Familien". Berlin, Bonn.

BMVI - Bundesministerium für Verkehr und digitale Infrastruktur (Hrsg.) (2015): Familienmobilität im Alltag. Herausforderungen und Handlungsempfehlungen. URL: https://www.bmvi.de/ SharedDocs/DE/Publikationen/LA/familienmobilitaet-im-alltag-herausforderungen-und-handlungsempfehlungen.pdf?__blob=publicationFile

BMVIT - Bundesministerium für Verkehr, Innovation und Technologie (2016): Mobilität der Zukunft. Personenmobilität. Ergebnisbericht Projekt „ShareWay – Wege zur Weiterentwicklung von Shared Mobility zur dritten Generation". Wien.

Boarnet, M. G./ Greenwald, M./ McMillan, T. E. (2008): Walking, Urban Design, and Health. Toward a Cost-Benefit Analysis Framework. In: Journal of Planning Education and Research 27, 341-358.

Bohte, W. (2010): Residential self-selection and travel. The relationship between travel-related attitudes, built environment characteristics and travel behaviour. Dissertation an der TU Delft, Delft Centre for Sustainable Urban Areas.

Bohte, W./ Maat, K./ Van Wee, B. (2009): Measuring Attitudes in Research on Resi-dential Self-Selection and Travel Behaviour: A Review of Theories and Empirical Research. In: Transport Reviews 29 (3), 325-357.

Bömermann, H. (2012): Stadtgebiet und Gliederungen. In: Zeitschrift für amtliche Statistik Berlin Brandenburg 1+2/2012, 76-87. URL: https://www.statistik-berlin-brandenburg.de/Publikationen/Aufsaetze/2012/HZ_201201-06.pdf

Bowerman, B. L./ O'Connell, R. T., (1990): Linear Statistical Models: An Applied Approach. Duxbury Press Belmont, California

Brake, K./ Herfert, G. (Hrsg.) (2012): Reurbansierung. Materialität und Diskurs in Deutschland. Springer VS, Wiesbaden

Brosius, F. (2004): SPSS 12. Redline, Heidelberg.

Brown, L. A./ Moore, E. G. (1970): The Intra-Urban Migration Process. A Perspective. In: Geografiska Annaler 52 B (1), 1–13.

Buzar, S./ Ogden, P./ Hall, R. (2005): Households matter: the quiet demography of urban transformation. In: Progress in Human Geography 29 (4), 413–436.

Buzar, S./ Ogden, P./ Hall, R./ Haase, A./ Kabisch, S./ Steinführer, A. (2007): Splintering Urban Populations: Emergent Landscapes of Reurbanisation in Four European Cities. In: Urban Studies 44 (4), 651-677.

Cao, X. (2015): Heterogeneous effects of neighborhood type on commute mode choice: An exploration of residential dissonance in the Twin Cities. In: Journal of Transport Geography 48, 188-196.

Cao, X./ Chatman, D. (2015): How will smart growth land-use policies affect travel? A theoretical discussion on the importance of residential sorting. In: Environment and Planning B 47, 1-16.

Cao, X./ Handy, S. L./ Mokhtarian, P. L. (2006): The influences of the built environment and residential self-selection on pedestrian behavior: evidence from Austin, TX. In: Transportation 33, 1–20.

Cao, X./ Mokhtarian, P. L./ Handy, S. L. (2009): The relationship between the built environment and nonwork travel: A case study of Nothern California. In: Transportation Research Part A 43, 548-559.

Cervero, R./ Kockelman, K. (1997): Travel demand and the 3Ds: density, diversity, and design. In: Transportation Research D 2 (3), 199-219.

Cho, G.-H./ Rodríguez, D. A. (2014): The influence of residential dissonance on physical activity and walking: evidence from the Montgomery County, MD, and Twin Cities, MN, areas. In: Journal of Transport Geography 41, 259–267.

Christiansen, L. B./ Cerin, E./ Badland, H./ Kerr, J./ Davey, R./ Troelsen, J./ VanDyck, D./ Mitáš, J./ Schofield, G./ Sugiyama, T./ Salvo, D./ Sarmientom, O.L./ Reis, R./ Adams, M./ Frank, L./ Sallis, J. F. (2016): International comparisons of the associations between objective measures of the built environment and transport-related walking and cycling: IPEN adult study. In: Journal of Transport & Health (In Druck)

Clark, W.A.V./ Dieleman, F.M. (1996): Households and housing: Choice and outcomes in the housing market. Transaction Publishers, New Brunswick.

Dargay, J. M. (2001) The effect of income on car ownership: Evidence of asymmetry. In: Transportation Research Part A, 35 (9), 807-821.

Davidson, M./ Lees, L. (2010): New-Build Gentrification: Its Histories, Trajectories, and Critical Geographies. In: Population, Space and Place 16, 395–411.

De Vos, J./ Derudder, B./ Van Acker, V./ Witlox, F. (2012): Reducing car use: changing attitudes or relocating? The influence of residential dissonance on travel behavior. In: Journal of Transport Geography 22, 1–9.

De Vos, J./ Witlox, F. (2016): Do people live in urban neighbourhoods because they do not like to travel? Analysing an alternative residential self-selection hypothesis. In: Travel Behaviour & Society 4, 29-39.

Diekmann, A. (2007): Empirische Sozialforschung: Grundlagen, Methoden, Anwendungen. Rowohlt Verlag, Reinbek bei Hamburg.

Dittrich-Wesbuer, A. (2010): Wohnen in Suburbia - Folgen der Standortwahl für Familien mit Kindern. In: Dittrich-Wesbuer, A./ Knapp, W./ Osterhage, F. (Hrsg.): Postsuburbanisierung und die "Renaissance der (Innen-)städte": Neue Entwicklungen in der Stadtregion. Band 6 der Reihe Metropolis und Region des Stadt- und regionalwissenschaftlichen Forschungsnetzwerks Ruhr (SURF), Rohn Verlag, Detmold.

Dobson, R./ Dunbar, F./ Smith, C. J./ Reibstein, D./ Lovelock, C. (1978): Structural models for the analysis of traveler attitude-behavior relationships. In: Transportation 7, 351-363.

Doucet, B. (2010): Rich Cities with Poor People. Waterfront regeneration in the Netherlands and Scotland, Dissertation an der Koninklijk Nederlands Aardrijkskundig Genootschap Faculteit Geowetenschappen Universiteit, Utrecht.

Esser, H. (1991): Die Erklärung systematischer Fehler in Interviews. In: Von Wittenberg, R. (Hrsg.): Person-Situation-Institution-Kultur. Duncker & Humblot, Berlin, 59-78.

Ewing, R./ Cervero, R. (2010): Travel and the Built Environment. A Meta-Analysis. In: Journal of the American Planning Association 76 (3), 265-294.

Field, A. (2013): Discovering Statistics using IBM SPSS Statistics. Sage Publications, Los Angelos, London, Neu Delhi, Singapur, Washington DC.

Flade, A. (2006): Wohnen psychologisch betrachtet. Hans Huber Verlag, Bern.

Flade, A. (2013): Der rastlose Mensch. Konzepte und Erkenntnisse der Mobilitätspsychologie. VS Verlag für Sozialwissenschaften, Wiesbaden.

Follmer, R./ Gruschwitz, D./ Ließke, F./ Wittwer, R. (2010): Mobilität in Brandenburg und Berlin. Integrierte Auswertung MiD und SrV 2008. URL: http://www.mil.brandenburg.de/media_fast/4055/MiDSrVBericht.pdf

Frank, S. (2014): Innere Suburbanisierung als Coping-Strategie: Die "neuen Mittelschichten" in der Stadt. In: Berger, P.A./ Keller, C./ Klärner, A./ Neef, R. (Hrsg.): Urbane Ungleichheiten. Neue Entwicklungen zwischen Zentrum und Peripherie. Springer Fachmedien, Wiesbaden, 157-171.

Fuchte, K. (2006): Verkehr und Erreichbarkeit als Kriterien der Wohnstandortwahl. Informationskreis für Raumplanung, Dortmund.

Gärling, T./ Axhausen, K. W. (2003): Introduction: Habitual travel choice. In: Transportation 30, 1–11.

Glasze, G./ Graze, P. (2007): Raus aus Suburbia, rein in die Stadt? In: Raumforschung und Raumordnung 65 (5), 467-473.

Götz, K. (2007): Mobilitätsstile. In: Schöller, O./ Canzler, W./ Knie, A. (Hrsg.) (2007): Handbuch Verkehrspolitik. VS Verlag für Sozialwissenschaften, Wiesbaden. 759-784.

Gourieroux, C./ Monfort, A./ Trognon, A. (1984): Pseudo-maximum likelihood methods: theory. In: Econometrica 52, 681-700.

Guo, Z. (2013): Does residential parking supply affect household car ownership? The case of New York City. In: Journal of Transport Geography 26, 18–28.

Haase, A./ Kabisch, S./ Steinführer, A./ Bouzarovski, S./ Hall, R./ Ogden, P. (2010): Emergent Spaces of Reurbanisation: Exploring the Demographic Dimension of Inner-city Residential Change in a European Setting. In: Population, Space and Place 16, 443–463.

Hall, T./ Hubbard, P. (1996): The Entrepreneurial City. New urban politics, new urban geographies? In: Progress in Human Geography 20 (2), 153-174.

Hatzinger, R./ Nagel, H. 2009: PASW Statistics: Statistische Methoden und Fallbeispiele. Pearson Studium, München.

Heinen, E./ Chatterjee, K. (2015): The same mode again? An exploration of mode choice variability in Great Britain using the National Travel Survey. In: Transportation Research Part A 78, 266–282.

Herfert, G./ Osterhage, F. (2012): Wohnen in der Stadt: Gibt es eine Trendwende zur Reurbanisierung? Ein quantitativ-analytischer Ansatz. In: Brake, K./ Herfert, G. (Hrsg.) (2012): Reurbansierung. Materialität und Diskurs in Deutschland. Springer VS, Wiesbaden, 86-112.

Hildebrand, E. D. (2003): Dimensions in elderly travel behaviour: A simplified activity-based model using lifestyle clusters. Transportation 30 (3), 285–306.

Hlawatsch, A./ Krickl, T. (2014): Einstellungen zu Befragungen. In: Baur, N./ Blasius, J. (Hrsg.): Handbuch Methoden der empirischen Sozialforschung. Springer VS, Wiesbaden, 305-310.

Holz-Rau, C./ Scheiner, J. (2015): Mobilitätsbiografien und Mobilitätssozialisation: Neue Zugänge zu einem alten Thema. In: Scheiner, J./ Holz-Rau, C. (Hrsg.): Räumliche Mobilität und Lebenslauf. Studien zu Mobilitätsbiografien und Mobilitätssozialisation. Springer VS, Wiesbaden, 3-23.

Honer, A. (1994): Das explorative Interview : zur Rekonstruktion der Relevanzen von Expertinnen und anderen Leuten. In: Schweizerische Zeitschrift für Soziologie 20 (3), 623-640. URL: http://nbn-resolving.de/urn:nbn:de:0168-ssoar-39274

Hunecke, M. (2002): Lebensstile, Mobilitätsstile und Mobilitätstypen. In Hunecke, M./ Tully, C. J./ Bäumer, D. (Hrsg.): Mobilität von Jugendlichen. Psychologische, soziologische und umweltbezogene Ergebnisse und Gestaltungsempfehlungen. Leske + Budrich, Opladen, 89-97.

Hutcheson, G. D./ Sofroniou, N. (1999): The Multivariate Social Scientist: Introductory Statistics Using Generalized Linear Models. Sage Publications, Los Angelos, London, Neu Delhi, Singapur, Washington DC.

Janssen, J./ Laatz, W. (2013): Statistische Datenanalyse mit SPSS: Eine anwendungsorientierte Einführung in das Basissystem und das Modul Exakte Tests. Springer, Berlin, Heidelberg.

Jarass, J. (2012): Wohnstandortpräferenzen und Mobilitätsverhalten. Verkehrsmittelwahl im Raum Köln. Springer VS, Wiesbaden.

Jarass, J./ Heinrichs, D. (2014): New urban living and mobility. In: Transportation Research Procedia 1 (1), 142-153.

Jekel, G./ Frölich v. Bodelschwingh, F./ Brühl, H./ Echter, C.-P. (2010): Stadtpolitik und das neue Wohnen in der Innenstadt. Deutsches Institut für Urbanistik: Stadt, Forschung, Praxis Bd. 8

Jones, C./ Ogilvie, D. (2012): Motivations for active commuting: a qualitative investigation of the period of home or work relocation. In: International Journal of Behavioral Nutrition and Physical Activity, 1-12.

Kabisch, N./ Haase, A. (2011): Diversifying European Agglomerations: Evidence of Urban Population Trends for the 21st Century. In: Population, Space and Place 17 (3), 236–253.

Kabisch, S./ Steinführer, A./ Haase, A. (2012): Reurbanisierung aus soziodemographischer Perspektive: Haushalte und Quartierswandel in der inneren Stadt. In: Brake, K./ Herfert, G. (Hrsg.) (2012): Reurbansierung. Materialität und Diskurs in Deutschland. Springer VS, Wiesbaden, 113-129.

Kalter, F. (2000): Theorien der Migration. In: Mueller, U./ Nauck, B. / A. Diekmann (Hrsg.): Handbuch der Demographie. Band 1: Modelle und Methoden. Berlin, 438–475.

Kamruzzaman, M./ Baker, D./ Washington, S./ Turrell, G. (2013): Residential dissonance and mode choice. In: Journal of Transport Geography 33, 12–28.

Kemper, F.-J. (1985): Die Bedeutung des Lebenszyklus-Konzeptes für die Analyse intraregionaler Wanderungen. In: Kemper, F.-J./ Laux, H.-D./ Thieme, G. (Hrsg.): Geographie als Sozialwissenschaft. Beiträge zu ausgewählten Problemen kulturgeographischer Forschung. Wolfgang Kuls zum 65. Geburtstag. Colloquium Geographicum 18, Bonn, 180-212.

Kitamura, R./ Mokhtarian, P. L./ Laidet, L. (1997): A micro-analysis of land use and travel in five neighborhoods in the San Francisco Bay Area. In: Transportation 24, 125–158.

Köppen, B. (2008): Reurbanisierung als Hoffnung der Städte im demographischen Wandel? In: Maretzke, S. (Hrsg.) (2008): Städte im demografischen Wandel. Wesentliche Strukturen und Trends des demografischen Wandels in den Städten Deutschlands. Materialien zur Bevölkerungswissenschaft, Heft 125. Bundesinstitut für Bevölkerungsforschung, 31-41.

Kromrey, H. (2000). Empirische Sozialforschung. Leske + Budrich, Opladen.

Kühl, J. (2014): Faktoren der Wohnstandortwahl – Differenzierung von Wohnstandortanforderungen unterschiedlicher Nachfragegruppen. In: Danielzyk, R./ Lentz, S./ Wiegand, C.-C. (Hrsg.): Suchst du noch oder wohnst du schon? Wohnen in polyzentrischen Stadtregionen. Schriften des Arbeitskreises Stadtzukünfte der Deutschen Gesellschaft für Geographie Bd. 12,

Kunert, U. (1994): Weekly mobility of life cycle groups. In: Transportation 21 (3), 271-288.

Kutter, E. (1972): Demographische Determinanten städtischen Personenverkehrs. Veröffentlichungen des Instituts für Stadtbauwesen der TU Braunschweig 9, Braunschweig.

Kuttler, T./ Zimmermann, T./ Otto-Zimmermann, K. (2016): Change the way you move! A central business district goes ecomobile. Jovis Verlag, Berlin.

Lanzendorf, M. (2010): Key events and their effect on mobility biographies: the case of childbirth. In: International Journal of Sustainable Transportation 4 (5), 272 – 292.

Larco, N./ Steiner, B./ Stockard, J./ West, A. (2012): Pedestrian-Friendly Environments and Active Travel for Residents of Multifamily Housing: The Role of Preferences and Perceptions. In: Environment and Behavior 44 (3), 303-333.

Lee, B. H. Y./ Waddell, P. (2010): Residential mobility and location choice: a nested logit model with sampling of alternatives. In: Transportation 37, 587–601.

Lee, E. S. (1966): A theory of migration. In: Demography 3, 47-57.

Lenz, B./ Nobis, C./ Köhler, K./ Mehlin, M./ Follmer, R./ Gruschwitz, D./ Jesske, B./ Quandt, S. (2010) Mobilität in Deutschland 2008. DLR-Forschungsbericht, Projektbericht. URL: http://mobilitaet-in-deutschland.de/pdf/infas_MiD2008_Abschlussbericht_I.pdf

Lenz, B./ Nobis, C. (2007): The changing allocation of activities in space and time by the use of ICT—"Fragmentation" as a new concept and empirical results. In: Transportation Research Part A 41, 190–204.

Maretzke, S. (Hrsg.) (2008): Städte im demografischen Wandel. Wesentliche Strukturen und Trends des demografischen Wandels in den Städten Deutschlands. Materialien zur Bevölkerungswissenschaft, Heft 125. Bundesinstitut für Bevölkerungsforschung

Matthes, G. (2016): Reurbanisierung und Verkehr. Harburger Berichte zur Verkehrsplanung und Logistik 17, Münsterscher Verlag für Wissenschaft, Münster.

Mayring, P. (2002): Einführung in die qualitative Sozialforschung. Beltz Studium, Weinheim, Basel.

McCullagh, P./ Nelder, J. A. (1989): Generalized Linear Models. Chapman and Hall, New York.

Menzel, M. (2007): Leben in Suburbia. Raumstrukturen und Alltagspraktiken am Rand von Hamburg. Campus Verlag, Frankfurt, New York.

Meurs, H./ Haaijer, R. (2001): Spatial structure and mobility. In: Transportation Research D 6, 429-446.

Mokhtarian, P. L./ Cao, X. (2008): Examining the impacts of residential self-selection on travel behavior: A focus on methodologies. In: Transportation Research B 42 (3), 204-228.

Molin / Oppewal H./ Timmermans H. (2001): Analyzing Heterogeneity in Conjoint Estimates of Residential Preferences. In: Journal of Housing and the Built Environment 16 (3), 267-284.

Molin, E./ Timmermans, H. (2003): Accessibility Considerations in Residential Choice Decisions: Accumulated Evidence from the Benelux. Präsentiert auf dem Transportation Research Board 82nd Annual Meeting, 12-16 Januar 2015, Washington, D.C.

Molin, E./Oppewal, H./ Timmermans, H. (1999): Group-based versus individual-based conjoint preference models of residential preferences: a comparative test. In: Environment and Planning A 31, 1935 -1947.

Münter, A. H. C. (2011): Wanderungsentscheidungen von Stadt-Umland -Wanderern in vier Stadtregionen. Regionaler Vergleich der Muster und Motive, Informations-und Wahrnehmungslücken sowie Beeinflussbarkeit der Wanderungsentscheidung. Dissertation an der TU Dortmund. URL:https://eldorado.tu-dortmund.de/handle/2003/29279

Naess, P. (2003): Urban Structures and Travel Behaviour. Experiences from Empirical Research in Norway and Denmark. In: European Journal of Transport and Infrastructure Research 3 (2), 155-178.

Naess, P. (2012): Urban form and travel behavior: Experience from a Nordic context. In: Journal of Transport and Land Use 5 (2), 21-45.

Oakil, A. T. M./ Ettema, D./ Arentze, T./ Timmermans, H. (2014): Changing household car ownership level and life cycle events: an action in anticipation or an action on occurrence. Transportation 41 (4), 889 – 904.

Ohnmacht, T./ Götz, K./ Schad, H. (2009): Leisure mobility styles in Swiss conurbations: construction and empirical analysis. In: Transportation 36 (2), 243-265.

Osterhage, F. (2011): Renaissance of Cities? An Empirical Analysis of the Population Development in German City Regions 1999-2009. In: REAL CORP 2011: Change for Stability: Lifecycles of Cities and Regions. URL: http://www.corp.at/archive/CORP2011_137.pdf, 17.02.2012

Otto-Zimmermann, K./ Park, Y. (2015): Neighborhood in Motion: One Neighborhood, One Month, No Cars. Jovis Verlag, Berlin.

Papke, L. E./ Wooldridge, J. M. (1996): Econometric methods for fractional response variables with an application to 401 (K) plan participation rates. In: Journal of Applied Econometrics 11, 619-632.

Parady, G. T./ Chikaraishi, M./ Takami, K./ Harata, N. (2014): A Panel Data Approach to Understanding the Effect of the Built Environment on Travel Behavior. In: Urban and Regional Planning Review 1, 18-38.

Porst, R. (1998): Erfahrung mit und Bewertung von Umfragen. ZUMA-Arbeitsbericht 98/03. URL: http://www.gesis.org/fileadmin/upload/forschung/publikationen/gesis_reihen/zuma_arbeits berichte/98_03.pdf

Prillwitz, J./ Lanzendorf, M. (2006): Impact of life course events on car ownership. Paper presented at the 85th Annual Meeting of the Transportation Research Board, Washington, D.C., January 22–26, 2006.

Pucher, J./ Renne, J. L. (2005): Rural mobility and mode choice: Evidence from the 2001 National Household Travel Survey. In: Transportation 32, 165–186.

Ramalho, E. A./ Ramalho, J. J. S./ Murteira, J. M. R. (2011): Alternative estimating and testing empirical strategies for fractional regression models. In: Journal of Economic Surveys 25 (1), 19–68.

Raykov, T./ Marcoulides, G. A. (2008): An Introduction to Applied Multivariate Analysis. Routledge Academic, New York.

Reinecke, J. (2014): Grundlagen der standardisierten Befragung. In: Baur, N./ Blasius, J. (Hrsg.): Handbuch Methoden der empirischen Sozialforschung. Springer VS, Wiesbaden, 601-617.

Rérat, P. (2012): The New Demographic Growth of Cities: The Case of Reurbanisation in Switzerland. In: Urban Studies 49 (5), 1107-1125.

Reuband, K.-H. (2014): Schriftlich-postalische Befragung. In: Baur, N./ Blasius, J. (Hrsg.): Handbuch Methoden der empirischen Sozialforschung. Springer VS, Wiesbaden, 643-658.

Rossi, P. H. (1980): Why families move. Sage Verlag, Beverly Hills, London.

Salomon, I./Ben-Akiva, M. (1983): The use of the life-style concept in travel demand models. In: Environment and Planning A (15), 623-638.

Sandfuchs, K. (2009): Wohnen in der Stadt. Eine Analyse der Bewohnerstruktur und der Motive der Wohnstandortwahl in innenstadtnahen Neubaugebieten Hannovers. Kieler Geographische Schriften 120, Kiel.

Scheiner, J. (2006a): Housing mobility and travel behaviour: A process- oriented approach to spatial mobility Evidence from a new research field in Germany. In: Journal of Transport Geography 14 (4), 287–298.

Scheiner, J. (2006b): Erklärungsmodelle der Wohnmobilität: Die Rolle von Lebensstil, Lebenslage und Wohnsituation. In: Beckmann, K. J./ Hesse, M./ Holz-Rau, C./ Hunecke, M. (Hrsg.): Stadt-Leben – Wohnen, Mobilität und Lebensstil. VS Verlag für Sozialwissenschaften, Wiesbaden, 112-124.

Scheiner, J. (2008): Methodische Grundlagen des DFG-Projekts „Wohnstandortwahl, Raum und Verkehr im Kontext von Lebensstil und Lebenslage". Raum und Mobilität – Arbeitspapiere des Fachgebiets Verkehrswesen und Verkehrsplanung 16, Dortmund.

Scheiner, J. (2010): Social inequalities in travel behaviour: trip distances in the context of residential self-selection and lifestyles. In: Journal of Transport Geography 18 (6), 679-690.

Schendera, C. F.G. (2010): Clusteranalyse mit SPSS: mit Faktorenanalyse. Oldenbourg Wissenschaftsverlag, München.

Schneider, N./ Spellerberg, A. (1999): Lebensstile, Wohnbedürfnisse und räumliche Mobilität. Leske + Budrich, Opladen.

Schönert, M. (2003): 20 Jahre Suburbanisierung der Bevölkerung. Zur Stadt-Umland-Wanderung in westdeutschen Großstadtregionen. In: Raumforschung und Raumordnung 61 (3), 457-471.

Schwanen, T./ Mokhtarian, P. (2005): What affects commute mode choice: neighborhood physical structure or preferences toward neighborhoods? In: Journal of Transport Geography 13, 83–99.

Schwanen, T./ Mokhtarian, P. (2005a): What if you live in the wrong neighborhood? The impact of residential neighborhood type dissonance on distance traveled. In: Transportation Research Part D 10, 127–151.

Senatsverwaltung für Stadtentwicklung (2007): Berliner Entwicklungsbereiche. Eine Bilanz. Berlin.

Senatsverwaltung für Stadtentwicklung (2007a): Alter Schlachthof. Bilanz der Entwicklung. Berlin.

Simma, A./ Axhausen, K. W. (2003): Commitments and modal usage: Analysis of German and Dutch panels, Transportation Research Record 1854, 22-31.

Simon, H. A. (1956): Rational choice and the structure of the environment. In: Psychological Review 63 (2), 129-138.

Song, Y./ Preston, J. M./ Brand, C. (2013): What explains active travel behaviour? Evidence from case studies in the UK. In: Environment and Planning A (45), 2980 – 2998.

Stanbridge, K./ Lyons, G./ Farthing, S. (2004): Travel behaviour change and residential relocation. Paper presented at the 3rd International Conference of Traffic and Transport Psychology, Nottingham, 5-9 September 2004.

Sturm, G./ Meyer, K. (2008): „Hin und her" oder „hin und weg" – zur Ausdifferenzierung großstädtischer Wohnsuburbanisierung. In: Informationen zur Raumentwicklung 3/4, 229-243.

Tardiff, T. J. (1977): Causal inferences involving transportation attitudes and behavior. In: Transportation Research 11 (6), 397-404.

Tillema, T./ Van Wee, B./ Ettema, D. (2010): The influence of (toll-related) travel costs in residential location decisions of households: A stated choice approach. In: Transportation Research Part A 44, 785-796.

Urban, D./ Mayerl, J. (2006): Regressionsanalyse: Theorie, Technik und Anwendung. VS Verlag für Sozialwissenschaften, Wiesbaden.

Van Acker, V./ Mokhtarian, P. L./ Witlox, F. (2014): Car availability explained by the structural relationships between lifestyles, residential location, and underlying residential and travel attitudes. In: Transport Policy 35, 88–99.

Van Acker, V./ Van Wee, B./ Witlox, F. (2010): When Transport Geography Meets Social Psychology: Toward a Conceptual Model of Travel Behaviour. In: Transport Reviews 30 (2), 219-240.

Van Criekingen, M. (2010): 'Gentrifying the Re-urbanisation Debate', Not Vice Versa: The Uneven Socio-spatial Implications of Changing Transitions to Adulthood in Brussels. In: Population, Space and Place 16, 381–394.

Van den Berg, L./ Drewett, R./ Klaassen, L. H./ Rossi, A./ Vijverberg, C. H. T. (1982): Urban Europe. A Study of Growth and Decline. European Coordination Centre for Research and Documentation in Social Sciences. Pergamon Press, Oxford, New York, Toronto, Sydney, Paris, Frankfurt.

Van Herick, D./ Mokhtarian, P. (2015): The effect of methodology on the estimation of residential self-selection effects. TRB 94th Annual Meeting Compendium of Papers

Van Wee, B./ Holwerda, H./ Van Baren, R. (2002): Preferences for Modes, Residential Location and Travel Behaviour: the Relevance for Land-Use Impacts on Mobility. In: European Journal of Transport and Infrastructure Research 2 (3/4), 305-316

Wahl, H.-W./ Oswald, F./ Mollenkopf, H. (1999): Alter und Umwelt - Beobachtungen und Analysen der Ökologischen Gerontologie. In: Wahl, H.-W./ Oswald, F./ Mollenkopf, H. (Hrsg.): Alte Menschen in ihrer Umwelt. Westdeutscher Verlag, Opladen, Wiesbaden, 13-22.

Weichbold, M. (2014): Pretest. In: Baur, N./ Blasius, J. (Hrsg.): Handbuch Methoden der empirischen Sozialforschung. Springer VS, Wiesbaden, 299-304.

Weinberger, R./ Seaman, M./ Johnson, C. (2009): Residential Off-Street Parking Impacts on Car Ownership, Vehicle Miles Traveled, and Related Carbon Emissions. New York City Case Study. In: Transportation Research Record Journal of the Transportation Research Board 2118

Weisberg, S. (1985): Applied Linear Regression. John Wiley & Sons, Inc., Hoboken, New Jersey.

Weisbrod, G./ Ben-Akiva, M./ Lerman, S. (1980): Tradeoffs in residential location decisions: Transportation versus other factors. In: Transportation Policy and Decision-Making 1 (1), 1-14.

Wiedenbeck, M./ Züll, C. (2001). Klassifikation mit Clusteranalyse: Grundlegende Techniken hierarchischer und K-means-Verfahren. How-to-Reihe, Nr. 10. Mannheim. URL: http://www.gesis.org/fileadmin/upload/forschung/publikationen/gesis_reihen/howto/how-to10mwcz.pdf

Wolpert, J. (1965): Behavioral Aspects of the Decision to Migrate. In: Papers and Proceedings of the Regional Science Association 15, 159-169.

Anhang 1: Ankündigungsschreiben der Bewohnerbefragung

Institut für Verkehrsforschung

Deutsches Zentrum
DLR für Luft- und Raumfahrt

DLR e. V.   Institut für Verkehrsforschung
Rutherfordstraße 2, 12489 Berlin

Ihr Gesprächspartner

Dipl.-Geogr. Julia Jarass

Telefon 030 67055-
Telefax 030 67055-   7927
E-Mail   283
Julia.Jarass@dlr.de

05. Oktober 2012

Bewohnerbefragung im Gebiet „Alter Schlachthof"
Wohn- und Alltagsmobilität

Ankündigung zur Bewohnerbefragung im Wohngebiet „Alter Schlachthof"

Sehr geehrte Damen und Herren,

der Zusammenhang zwischen Wohnstandortentscheidungen und täglicher Mobilität ist ein wissenschaftliches Forschungsfeld des Instituts für Verkehrsforschung des Deutschen Zentrums für Luft- und Raumfahrt (DLR). Von besonderem Interesse sind für uns in diesem Zusammenhang die Motive für die Wahl eines innerstädtischen Neubaugebiets als Wohnstandort sowie die alltägliche Mobilität der Bewohnerinnen und Bewohner in diesem Gebiet.

Hierzu werden wir im Wohngebiet „Alter Schlachthof" eine Befragung durchführen. Zwischen dem 15.10. und 01.11. werden wir einen Fragebogen an alle Haushalte verteilen und diesen im Laufe des Tages oder später in der Woche wieder abholen. Das Ausfüllen des Fragebogens nimmt etwa 30 Minuten in Anspruch.

Wir bitten Sie, uns durch Ihre Teilnahme bei unserem Forschungsvorhaben zu unterstützen. Die Befragung führen wir allein mit dem Ziel des wissenschaftlichen Erkenntnisgewinns durch. Wir verfolgen keine wirtschaftliche Verwertung der Ergebnisse. Wir garantieren, dass die Grundsätze des Datenschutzes dabei eingehalten werden.

Sollten Sie Fragen haben, geben wir Ihnen gerne Auskunft. Bitte wenden Sie sich hierfür an Frau Dipl.-Geogr. Julia Jarass (Julia.Jarass@dlr.de, Tel.: 030-670 55 7927).

Für Ihre Bereitschaft zu einer Teilnahme möchten wir uns schon jetzt ganz herzlich bedanken!

Mit freundlichen Grüßen

Das Deutsche Zentrum für Luft- und Raumfahrt e. V. ist
Mitglied der Helmholtz-Gemeinschaft. Vertreter des DLR
sind der Vorstand und von ihm ermächtigte Personen.
Auskünfte erteilt der Leiter Allgemeine Rechtsangelegen-
heiten, Linder Höhe, 51147 Köln (Hauptsitz des DLR).

Berlin-Adlershof
Rutherfordstraße 2
12489 Berlin
Telefon 030 67055-0
Internet www.DLR.de

Anhang 2: Fragebogen der Bewohnerbefragung

Deutsches Zentrum
für Luft- und Raumfahrt e.V.
in der Helmholtz-Gemeinschaft

Bewohnerbefragung im Gebiet „Alter Schlachthof"
Wohn- und Alltagsmobilität

Gebiet 3

Liebe Bewohnerinnen und Bewohner,

in den letzten Tagen haben Sie eine Ankündigung erhalten, dass das Institut für Verkehrsforschung des Deutschen Zentrums für Luft- und Raumfahrt (DLR) eine Befragung zum Thema Wohn- und Alltagsmobilität in Ihrem Wohngebiet durchführt. Dabei interessiert uns, wie sich die Entscheidung für ein Wohngebiet und die tägliche Mobilität gegenseitig beeinflussen.

Mit Ihrer Teilnahme an der Befragung tragen Sie dazu bei, wichtige Informationen zu gewinnen, um die Wohn- und Lebensqualität in innerstädtischen Neubaugebieten zu verbessern. Wir freuen uns sehr, wenn Sie uns bei diesem Forschungsvorhaben unterstützen!

Die Befragung dient ausschließlich dem wissenschaftlichen Interesse; die Daten werden selbstverständlich vertraulich behandelt und anonymisiert. Das Ausfüllen des Fragebogens dauert **ca. 20 Minuten**. Bei Fragen oder Anmerkungen können Sie gerne Julia Jarass kontaktieren:

Deutsches Zentrum für Luft- und Raumfahrt e.V.
Institut für Verkehrsforschung
Rutherfordstr. 2
12489 Berlin

E-Mail: Julia.Jarass@dlr.de
Telefon: 030-67055 7927

Vielen Dank für Ihre Mithilfe!

Abholdatum am _____

um ca. _____ Uhr

1 Wohnung und Wohnumfeld

1.1 Wie lange wohnen Sie in Ihrer Wohnung?

□ kürzer als 6 Monate □ 6 Monate bis 1 Jahr □ 1 Jahr bis 5 Jahre □ länger als 5 Jahre

1.2 Wo haben Sie vorher gewohnt?

□ Berliner Innenstadt, und zwar in diesem Stadtteil:

□ Berliner Stadtrand, und zwar in diesem Stadtteil:

□ Berliner Umland, und zwar in (Ort/Stadtteil):

□ Sonstiges, und zwar in (Ort/Stadtteil):

**1.3 Wo haben Sie sonst noch (außerhalb des Gebiets „Alter Schlachthof") nach einer Wohnung/
einem Haus gesucht?** *(Mehrfachnennungen möglich)*
□ woanders habe ich nicht gesucht *(→ bitte weiter mit Frage 1.5)*

□ Berliner Innenstadt, und zwar in diesen Stadtteilen:

□ Berliner Stadtrand, und zwar in diesen Stadtteilen:

□ Berliner Umland, und zwar in (Ort/Stadtteil):

□ Sonstiges, und zwar in (Ort/Stadtteil):

1.4 Warum ist Ihre Entscheidung schließlich auf das Wohngebiet „ Alter Schlachthof" gefallen?

1.5 Bitte beschreiben Sie Ihre vorherige und Ihre jetzige Wohnsituation.
(Zutreffende Eigenschaften bitte ankreuzen)

	vorherige Wohnsituation	**jetzige** Wohnsituation
Wohnfläche in m²		
Mieter/in	□	□
Eigentümer/in	□	□
Wohnung im Mehrfamilienhaus	□	□
Einfamilienhaus	□	□
Seniorenwohnheim	□	□
Studentenwohnheim	□	□
Ausstattung		
eigener Garten/Gartenmitbenutzung	□	□
Balkon/Terrasse	□	□
Pkw im Haushalt vorhanden	□	□
Pkw-Stellplatz/Garage	□	□

1.6 Wenn Sie an Ihren <u>letzten Umzug</u> denken: Welche <u>Gründe</u> haben Sie dazu veranlasst, nach einem <u>neuen Wohnstandort zu suchen</u>?

(Mehrfachnennungen möglich)

a) Familiäre/persönliche Gründe waren...

- ☐ ...ausschlaggebend
- ☐ ...wichtig
- ☐ ...nicht wichtig
  (→ bitte weiter mit b)

- ☐ Zusammenziehen mit Partner/in
- ☐ Trennung
- ☐ Geburt eines Kindes
- ☐ Auszug der Kinder
- ☐ Nähe zu Freunden/Verwandten
- ☐ Sonstiges, und zwar:

- ☐ eigene Gründe
- ☐ Gründe anderer Haushaltsmitglieder

b) Berufliche Gründe/Ausbildungsgründe waren...

- ☐ ...ausschlaggebend
- ☐ ...wichtig
- ☐ ...nicht wichtig
  (→ bitte weiter mit c)

- ☐ neuer Arbeits-/Studiums-/Ausbildungsplatz
- ☐ näher am Arbeits-/Studiums-/Ausbildungsplatz wohnen
- ☐ sich selbstständig machen
- ☐ Renteneintritt
- ☐ Sonstiges, und zwar:

c) Eine Wohnung/ein Haus zu kaufen, war...

- ☐ ...ausschlaggebend
- ☐ ...wichtig
- ☐ ...nicht wichtig
  (→ bitte weiter mit d)

- ☐ Kündigungssicherheit
- ☐ als Kapitalanlage/Altersvorsorge
- ☐ alleinige Verfügung über Wohnung/Haus
- ☐ Sonstiges, und zwar:

d) Die vorherigen Wohnverhältnisse waren...

- ☐ ...ausschlaggebend
- ☐ ...wichtig
- ☐ ...nicht wichtig
  (→ bitte weiter mit e)

- ☐ zu klein
- ☐ zu groß
- ☐ kein Garten
- ☐ ungünstig geschnitten
- ☐ zu teuer
- ☐ Kündigung durch Vermieter/befristeter Mietvertrag
- ☐ Probleme mit Eigentümern/Nachbarn
- ☐ Sonstiges, und zwar:

e) Das vorherige Wohnumfeld (=innerhalb von 10 Gehminuten) war...

- ☐ ...ausschlaggebend
- ☐ ...wichtig
- ☐ ...nicht wichtig
  (→ bitte weiter mit 1.7)

- ☐ Lärm
- ☐ zu wenig öffentliche Grün- und Freiflächen
- ☐ zu wenig Geschäfte
- ☐ schlechte Anbindung an öffentliche Verkehrsmittel
- ☐ schlechte Straßenanbindung (z.B. Stau)
- ☐ zu wenig Pkw-Parkmöglichkeiten
- ☐ Schmutz
- ☐ Vandalismus/Kriminalität
- ☐ zu wenig Spiel-/Freizeitmöglichkeiten für Kinder
- ☐ Entfernung zur Schule/zu Betreuungsangeboten
- ☐ Sonstiges, und zwar:

1.7 Wie wichtig waren Ihnen die folgenden Eigenschaften <u>damals bei der Wohnstandortsuche</u>?

	sehr wichtig				nicht wichtig
	1	2	3	4	5
zentrale Lage in der Stadt	☐	☐	☐	☐	☐
Anbindung an öffentliche Verkehrsmittel	☐	☐	☐	☐	☐
Erreichbarkeit mit dem Pkw	☐	☐	☐	☐	☐
Pkw-Parkmöglichkeiten	☐	☐	☐	☐	☐
Nähe zum Arbeits-/Ausbildungsplatz	☐	☐	☐	☐	☐
Nähe zu Schulen/Betreuungsangeboten	☐	☐	☐	☐	☐
Nähe zu Freunden/Verwandten	☐	☐	☐	☐	☐
Einkaufsmöglichkeiten	☐	☐	☐	☐	☐
Ausgehmöglichkeiten (z.B. Cafés, Restaurants, Kneipen)	☐	☐	☐	☐	☐
Kultur-/Freizeitangebote	☐	☐	☐	☐	☐
Einrichtungen für ältere Menschen	☐	☐	☐	☐	☐
Sicherheit	☐	☐	☐	☐	☐
Sauberkeit	☐	☐	☐	☐	☐
Ruhe	☐	☐	☐	☐	☐
kinderfreundliches Wohnumfeld	☐	☐	☐	☐	☐
Parks und Grünflächen	☐	☐	☐	☐	☐
durchgrüntes und gering bebautes Wohngebiet	☐	☐	☐	☐	☐
ein Haus für sich haben	☐	☐	☐	☐	☐
eigener Garten	☐	☐	☐	☐	☐
Eigentum erwerben	☐	☐	☐	☐	☐
Beteiligung bei Grundriss-/Innengestaltung der Wohnung	☐	☐	☐	☐	☐
günstig geschnittene Wohnung	☐	☐	☐	☐	☐
größere Wohnung	☐	☐	☐	☐	☐
Sonstiges, und zwar:	☐	☐	☐	☐	☐

Seitenkategorien (links): Erreichbarkeit, Wohnumfeld, Wohnung

1.8 Wie zufrieden sind Sie mit Ihrem Wohnstandort?

	sehr zufrieden				nicht zufrieden	kann ich nicht beurteilen
	1	2	3	4	5	
Einkaufsmöglichkeiten	☐	☐	☐	☐	☐	☐
Anbindung an öffentliche Verkehrsmittel	☐	☐	☐	☐	☐	☐
Erreichbarkeit mit dem Pkw	☐	☐	☐	☐	☐	☐
kinderfreundliches Wohnumfeld	☐	☐	☐	☐	☐	☐
Wohnumfeld insgesamt	☐	☐	☐	☐	☐	☐
Wohnung	☐	☐	☐	☐	☐	☐

1.9 Womit sind Sie in Ihrem Wohnumfeld unzufrieden?

1.10   Haben Sie konkrete Pläne, aus dem Gebiet „Alter Schlachthof" wegzuziehen?

☐ nein   ☐ ja, weil:

2   Leben in der Stadt

2.1 Inwiefern treffen die folgenden Aussagen für Sie zu?

	trifft sehr zu				trifft nicht zu	kann ich nicht beurteilen
	1	2	3	4	5	
Ich versuche möglichst viel zu Fuß/ mit dem Fahrrad zu erledigen.	☐	☐	☐	☐	☐	☐
Ohne Auto kann ich meinen Alltag nicht organisieren.	☐	☐	☐	☐	☐	☐
Ich würde häufiger zu Fuß/mit dem Fahrrad einkaufen gehen, wenn es mehr Einkaufs- möglichkeiten im Wohngebiet verteilt gäbe.	☐	☐	☐	☐	☐	☐
Ich würde das Auto häufiger stehen lassen, wenn ich keinen eigenen Pkw-Stellplatz hätte (z.B. wegen der Parkplatzsuche).	☐	☐	☐	☐	☐	☐
Ich würde häufiger den öffentlichen Nahverkehr nutzen, wenn die Haltestellen schneller zu Fuß erreichbar wären.	☐	☐	☐	☐	☐	☐
Ich kann mir gut vorstellen, die nächsten 20 Jahre hier im Gebiet wohnen zu bleiben.	☐	☐	☐	☐	☐	☐
Ich finde es gut, wenn die anderen Bewohner im Wohngebiet einen ähnlichen Lebensstil pflegen bzw. in einer ähnlichen Lebensphase sind wie ich.	☐	☐	☐	☐	☐	☐
Ich möchte gerne irgendwann in einem Einfamilienhaus am Stadtrand/im Umland oder auf dem Land wohnen.	☐	☐	☐	☐	☐	☐

▶ *Falls Sie Kinder haben oder derzeit planen Kinder zu bekommen:* (ansonsten bitte weiter mit Frage 3)

	trifft sehr zu				trifft nicht zu	kann ich nicht beurteilen
Es ist mir wichtig, dass meine Kinder ohne Aufsicht draußen spielen können.	☐	☐	☐	☐	☐	☐
In der Stadt ist es gefährlich, die Kinder alleine zur Schule/zu Freizeiteinrichtungen gehen zu lassen.	☐	☐	☐	☐	☐	☐
Auch ohne Kinder(-wunsch) wäre ich gerne hier in dieses Wohngebiet gezogen.	☐	☐	☐	☐	☐	☐

3   Mobilität im Alltag

3.1 Hat sich Ihre Verkehrsmittelnutzung seit Ihrem Umzug in das Gebiet „Alter Schlachthof" verändert?
Diese Verkehrsmittel nutze ich nun

	...häufiger als zuvor	...genauso oft wie zuvor	...seltener als zuvor	...nach wie vor gar nicht	weiß nicht
zu Fuß (Wege >10 min)	☐	☐	☐	☐	☐
Fahrrad	☐	☐	☐	☐	☐
öffentlicher Nahverkehr (Bus, S-Bahn etc.)	☐	☐	☐	☐	☐
Motorrad, Moped	☐	☐	☐	☐	☐
Auto	☐	☐	☐	☐	☐

3.2. Nun geht es darum, wie oft, wohin und mit welchem Verkehrsmittel Sie üblicherweise im Alltag unterwegs sind.

	Wie oft üben Sie diese Aktivität üblicherweise aus?	**Wo** üben Sie diese Aktivität üblicherweise aus?	Welches **Hauptverkehrsmittel** nutzen Sie üblicherweise dafür? *(Bitte nur ein Verkehrsmittel ankreuzen)*
▶ *Einkauf*			
Einkauf täglicher Bedarf ☐ mache ich nicht *(→ bitte in nächster Zeile weiter)*	☐ (fast) täglich ☐ 1 - 3 mal pro Woche ☐ 1 - 3 mal pro Monat ☐ seltener als monatlich	☐ vorwiegend im Wohnumfeld ☐ häufig in folgenden Stadtteilen: ☐ mal hier mal dort	☐ zu Fuß ☐ Fahrrad ☐ öffentlicher Nahverkehr (Bus, S-Bahn etc.) ☐ Motorrad, Moped ☐ Pkw als Fahrer ☐ Pkw als Mitfahrer ☐ Nah-/Fernverkehrszug ☐ Sonstiges, und zwar:
Großeinkauf ☐ mache ich nicht *(→ bitte in nächster Zeile weiter)*	☐ (fast) täglich ☐ 1 - 3 mal pro Woche ☐ 1 - 3 mal pro Monat ☐ seltener als monatlich	☐ vorwiegend im Wohnumfeld ☐ häufig in folgenden Stadtteilen: ☐ mal hier mal dort	☐ zu Fuß ☐ Fahrrad ☐ öffentlicher Nahverkehr (Bus, S-Bahn etc.) ☐ Motorrad, Moped ☐ Pkw als Fahrer ☐ Pkw als Mitfahrer ☐ Nah-/Fernverkehrszug ☐ Sonstiges, und zwar:
Shopping (z.B. Bekleidung) ☐ mache ich nicht *(→ bitte in nächster Zeile weiter)*	☐ (fast) täglich ☐ 1 - 3 mal pro Woche ☐ 1 - 3 mal pro Monat ☐ seltener als monatlich	☐ vorwiegend im Wohnumfeld ☐ häufig in folgenden Stadtteilen: ☐ mal hier mal dort	☐ zu Fuß ☐ Fahrrad ☐ öffentlicher Nahverkehr (Bus, S-Bahn etc.) ☐ Motorrad, Moped ☐ Pkw als Fahrer ☐ Pkw als Mitfahrer ☐ Nah-/Fernverkehrszug ☐ Sonstiges, und zwar:
▶ *Private Erledigung*			
Private Erledigung (z.B. Arzt, Friseur, Kinder abholen) ☐ mache ich nicht *(→ bitte in nächster Zeile weiter)*	☐ (fast) täglich ☐ 1 - 3 mal pro Woche ☐ 1 - 3 mal pro Monat ☐ seltener als monatlich	☐ vorwiegend im Wohnumfeld ☐ häufig in folgenden Stadtteilen: ☐ mal hier mal dort	☐ zu Fuß ☐ Fahrrad ☐ öffentlicher Nahverkehr (Bus, S-Bahn etc.) ☐ Motorrad, Moped ☐ Pkw als Fahrer ☐ Pkw als Mitfahrer ☐ Nah-/Fernverkehrszug ☐ Sonstiges, und zwar:

▶ *Freizeitaktivitäten*

Soziale Kontakte (z.B. Freunde/ Familie, Arbeits- kollegen treffen, Vereine)	□ (fast) täglich □ 1 - 3 mal pro Woche □ 1 - 3 mal pro Monat □ seltener als monatlich	□ vorwiegend im Wohnumfeld □ häufig in folgenden Stadtteilen:	□ zu Fuß □ Fahrrad □ öffentlicher Nahverkehr (Bus, S-Bahn etc.) □ Motorrad, Moped □ Pkw als Fahrer □ Pkw als Mitfahrer □ Nah-/Fernverkehrszug □ Sonstiges, und zwar:
□ mache ich nicht (→ bitte in nächster Zeile weiter)		□ mal hier mal dort	
Sport treiben (z.B. joggen, spazieren gehen)	□ (fast) täglich □ 1 - 3 mal pro Woche □ 1 - 3 mal pro Monat □ seltener als monatlich	□ vorwiegend im Wohnumfeld □ häufig in folgenden Stadtteilen:	□ zu Fuß □ Fahrrad □ öffentlicher Nahverkehr (Bus, S-Bahn etc.) □ Motorrad, Moped □ Pkw als Fahrer □ Pkw als Mitfahrer □ Nah-/Fernverkehrszug □ Sonstiges, und zwar:
□ mache ich nicht (→ bitte in nächster Zeile weiter)		□ mal hier mal dort	
Gastronomie- besuche (z.B. Café, Kneipe, Restaurant)	□ (fast) täglich □ 1 - 3 mal pro Woche □ 1 - 3 mal pro Monat □ seltener als monatlich	□ vorwiegend im Wohnumfeld □ häufig in folgenden Stadtteilen:	□ zu Fuß □ Fahrrad □ öffentlicher Nahverkehr (Bus, S-Bahn etc.) □ Motorrad, Moped □ Pkw als Fahrer □ Pkw als Mitfahrer □ Nah-/Fernverkehrszug □ Sonstiges, und zwar:
□ mache ich nicht (→ bitte in nächster Zeile weiter)		□ mal hier mal dort	
Kulturelle Veranstaltungen (z.B. Museum, Kino, Theater)	□ (fast) täglich □ 1 - 3 mal pro Woche □ 1 - 3 mal pro Monat □ seltener als monatlich	□ vorwiegend im Wohnumfeld □ häufig in folgenden Stadtteilen:	□ zu Fuß □ Fahrrad □ öffentlicher Nahverkehr (Bus, S-Bahn etc.) □ Motorrad, Moped □ Pkw als Fahrer □ Pkw als Mitfahrer □ Nah-/Fernverkehrszug □ Sonstiges, und zwar:
□ mache ich nicht (→ bitte in nächster Zeile weiter)		□ mal hier mal dort	
(Tages-)Ausflug	□ (fast) täglich □ 1 - 3 mal pro Woche □ 1 - 3 mal pro Monat □ seltener als monatlich	□ vorwiegend im Wohnumfeld □ häufig in folgenden Stadtteilen:	□ zu Fuß □ Fahrrad □ öffentlicher Nahverkehr (Bus, S-Bahn etc.) □ Motorrad, Moped □ Pkw als Fahrer □ Pkw als Mitfahrer □ Nah-/Fernverkehrszug □ Sonstiges, und zwar:
□ mache ich nicht (→ bitte in nächster Zeile weiter)		□ mal hier mal dort	

▶ *Bitte tragen Sie hier Ihre Arbeits /Ausbildungswege ein, falls Sie derzeit erwerbstätig sind und/oder eine Ausbildung/ein Studium machen: (ansonsten bitte weiter mit Abschnitt 3.3)*

	Wie oft arbeiten Sie üblicherweise?	**Wo** befindet sich Ihr Arbeitsplatz?	Welches **Hauptverkehrsmittel** nutzen Sie üblicherweise für den Arbeitsweg? *(Bitte nur ein Verkehrsmittel ankreuzen)*
▶ *Arbeit*			
Arbeitsplatz		Ort/Stadtteil:	□ zu Fuß
			□ Fahrrad
			□ öffentlicher Nahverkehr
□ habe ich nicht	an Tagen in der Woche		(Bus, S-Bahn etc.)
			□ Motorrad, Moped
			□ Pkw als Fahrer
		□ Arbeitsplatz zu Hause	□ Pkw als Mitfahrer
		□ Arbeitsort wechselt immer *(z.B. Außendienst)*	□ Nah-/Fernverkehrszug
			□ Sonstiges, und zwar:
weiterer Arbeitsplatz?		Ort/Stadtteil:	□ zu Fuß
			□ Fahrrad
			□ öffentlicher Nahverkehr
□ habe ich nicht	an Tagen in der Woche		(Bus, S-Bahn etc.)
			□ Motorrad, Moped
			□ Pkw als Fahrer
		□ Arbeitsplatz zu Hause	□ Pkw als Mitfahrer
		□ Arbeitsort wechselt immer *(z.B. Außendienst)*	□ Nah-/Fernverkehrszug
			□ Sonstiges, und zwar:
▶ *Ausbildung/Studium*			
Ausbildung/ Studium		Ort/Stadtteil:	□ zu Fuß
			□ Fahrrad
			□ öffentlicher Nahverkehr
	an Tagen in der Woche		(Bus, S-Bahn etc.)
□ mache ich nicht			□ Motorrad, Moped
			□ Pkw als Fahrer
		□ zu Hause	□ Pkw als Mitfahrer
		□ Ausbildungsort wechselt	□ Nah-/Fernverkehrszug
			□ Sonstiges, und zwar:
weitere Ausbildung/ weiteres Studium?		Ort/Stadtteil:	□ zu Fuß
			□ Fahrrad
			□ öffentlicher Nahverkehr
	an Tagen in der Woche		(Bus, S-Bahn etc.)
			□ Motorrad, Moped
□ mache ich nicht		□ zu Hause	□ Pkw als Fahrer
			□ Pkw als Mitfahrer
		□ Ausbildungsort wechselt	□ Nah-/Fernverkehrszug
			□ Sonstiges, und zwar:

3.3 Nun geht es noch einmal ganz konkret um **alle Wege**, die Sie am letzten <u>DIENSTAG</u> oder <u>MITTWOCH</u> oder <u>DONNERSTAG</u> zurückgelegt haben. Bitte tragen Sie jeden Weg ein, den Sie an diesem Tag gemacht haben. **Auch Fußwege** und **kurze Wege „zwischendurch"** sind für uns wichtig (z.B. mittags zur Kantine). **Und bitte denken Sie auch an den Weg nach Hause.**

Bitte tragen Sie hier das Datum des Tages ein, den Sie für das Wegeprotokoll auswählen:

	Dienstag, der:	Oktober 2012
oder	Mittwoch, der:	Oktober 2012
oder	Donnerstag, der:	Oktober 2012

3.4 Entsprach dieser Tag Ihrem gewöhnlichen Tagesablauf (wie an vergleichbaren Wochentagen)?

□ ja   □ nein

3.5 Waren Sie an diesem Tag außer Haus?

□ ja   □ nein (→ *bitte weiter mit Frage 3.6)*

Wo war der **Ausgangspunkt** Ihres ersten Weges?   □ zu Hause
          □ woanders

	Erster Weg	**→ Zweiter Weg**	**→ Dritter Weg**
Um **wie viel Uhr** haben Sie den Weg begonnen?	**Start:** Uhr	**Start:** Uhr	**Start:** Uhr
Zu welchem **Zweck** oder mit welchem **Ziel** haben Sie den Weg unternommen? *(Bitte nur eine Nennung)*	**Zweck / Ziel?** □ Arbeitsplatz □ Dienstweg □ Ausbildung/Schule/Uni □ Einkauf □ private Erledigung □ Holen/Bringen von Personen □ Freizeitaktivität □ nach Hause □ Sonstiges, und zwar:	**Zweck / Ziel?** □ Arbeitsplatz □ Dienstweg □ Ausbildung/Schule/Uni □ Einkauf □ private Erledigung □ Holen/Bringen von Personen □ Freizeitaktivität □ nach Hause □ Sonstiges, und zwar:	**Zweck / Ziel?** □ Arbeitsplatz □ Dienstweg □ Ausbildung/Schule/Uni □ Einkauf □ private Erledigung □ Holen/Bringen von Personen □ Freizeitaktivität □ nach Hause □ Sonstiges, und zwar:
Mit welchem dieser Verkehrsmittel haben Sie den **längsten Teilweg** zurückgelegt? *(Bitte geben Sie nur ein Verkehrsmittel an)*	**Verkehrsmittel?** □ zu Fuß □ Fahrrad □ öffentlicher Nahverkehr (Bus, S-Bahn etc.) □ Motorrad, Moped □ Pkw als Fahrer □ Pkw als Mitfahrer □ Nah-/Fernverkehrszug □ Sonstiges, und zwar:	**Verkehrsmittel?** □ zu Fuß □ Fahrrad □ öffentlicher Nahverkehr (Bus, S-Bahn etc.) □ Motorrad, Moped □ Pkw als Fahrer □ Pkw als Mitfahrer □ Nah-/Fernverkehrszug □ Sonstiges, und zwar:	**Verkehrsmittel?** □ zu Fuß □ Fahrrad □ öffentlicher Nahverkehr (Bus, S-Bahn etc.) □ Motorrad, Moped □ Pkw als Fahrer □ Pkw als Mitfahrer □ Nah-/Fernverkehrszug □ Sonstiges, und zwar:
Lag das Ziel in Ihrem **Wohnumfeld**?	**Wohnumfeld?** □ nein □ ja	**Wohnumfeld?** □ nein □ ja	**Wohnumfeld?** □ nein □ ja
Um **wie viel Uhr** haben Sie den Weg beendet?	**Ankunft:** Uhr	**Ankunft:** Uhr	**Ankunft:** Uhr
Bitte schätzen Sie die **Länge** des Weges möglichst genau.	**Länge des Weges?** ca. km	**Länge des Weges?** ca. km	**Länge des Weges?** ca. km
Haben Sie von dort einen **weiteren Weg** gemacht?	**weitere Wege?** □ nein □ ja ———	**weitere Wege?** □ nein □ ja ———	**weitere Wege?** □ nein □ ja ———→

*Bei **nein** bitte mit Frage 3.6 fortfahren*

A-9

A-10

Vierter Weg

St rt: _____ Uhr

Zw ck / Ziel?
- ☐ rbeitsplatz
- ☐ ienstweg
- ☐ usbildung/Schule/Uni
- ☐ inkauf
- ☐ rivate Erledigung
- ☐ olen/Bringen von Personen
- ☐ reizeitaktivität
- ☐ ach Hause
- ☐ onstiges, und zwar:

Ve kehrsmittel?
- ☐ u Fuß
- ☐ ahrrad
- ☐ ffentlicher Nahverkehr (Bus, S-Bahn etc.)
- ☐ lotorrad, Moped
- ☐ kw als Fahrer
- ☐ kw als Mitfahrer
- ☐ ah-/Fernverkehrszug
- ☐ onstiges, und zwar:

W hnumfeld? ☐ ein   ☐ ja

Ar unft: _____ Uhr

Lä ge des Weges? ca. _____ km

wi tere Wege? ☐ ein   ☐ ja

Fünfter Weg

Start: _____ Uhr

Zweck / Ziel?
- ☐ Arbeitsplatz
- ☐ Dienstweg
- ☐ Ausbildung/Schule/Uni
- ☐ Einkauf
- ☐ private Erledigung
- ☐ Holen/Bringen von Personen
- ☐ Freizeitaktivität
- ☐ nach Hause
- ☐ Sonstiges, und zwar:

Verkehrsmittel?
- ☐ zu Fuß
- ☐ Fahrrad
- ☐ öffentlicher Nahverkehr (Bus, S-Bahn etc.)
- ☐ Motorrad, Moped
- ☐ Pkw als Fahrer
- ☐ Pkw als Mitfahrer
- ☐ Nah-/Fernverkehrszug
- ☐ Sonstiges, und zwar:

Wohnumfeld? ☐ nein   ☐ ja

Ankunft: _____ Uhr

Länge des Weges? ca. _____ km

weitere Wege? ☐ nein   ☐ ja

Sechster Weg

Start: _____ Uhr

Zweck / Ziel?
- ☐ Arbeitsplatz
- ☐ Dienstweg
- ☐ Ausbildung/Schule/Uni
- ☐ Einkauf
- ☐ private Erledigung
- ☐ Holen/Bringen von Personen
- ☐ Freizeitaktivität
- ☐ nach Hause
- ☐ Sonstiges, und zwar:

Verkehrsmittel?
- ☐ zu Fuß
- ☐ Fahrrad
- ☐ öffentlicher Nahverkehr (Bus, S-Bahn etc.)
- ☐ Motorrad, Moped
- ☐ Pkw als Fahrer
- ☐ Pkw als Mitfahrer
- ☐ Nah-/Fernverkehrszug
- ☐ Sonstiges, und zwar:

Wohnumfeld? ☐ nein   ☐ ja

Ankunft: _____ Uhr

Länge des Weges? ca. _____ km

weitere Wege? ☐ nein   ☐ ja

Siebter Weg

Start: _____ Uhr

Zweck / Ziel?
- ☐ Arbeitsplatz
- ☐ Dienstweg
- ☐ Ausbildung/Schule/Uni
- ☐ Einkauf
- ☐ private Erledigung
- ☐ Holen/Bringen von Personen
- ☐ Freizeitaktivität
- ☐ nach Hause
- ☐ Sonstiges, und zwar:

Verkehrsmittel?
- ☐ zu Fuß
- ☐ Fahrrad
- ☐ öffentlicher Nahverkehr (Bus, S-Bahn etc.)
- ☐ Motorrad, Moped
- ☐ Pkw als Fahrer
- ☐ Pkw als Mitfahrer
- ☐ Nah-/Fernverkehrszug
- ☐ Sonstiges, und zwar:

Wohnumfeld? ☐ nein   ☐ ja

Ankunft: _____ Uhr

Länge des Weges? ca. _____ km

weitere Wege? ☐ nein   ☐ ja

Achter Weg

Start: _____ Uhr

Zweck / Ziel?
- ☐ Arbeitsplatz
- ☐ Dienstweg
- ☐ Ausbildung/Schule/Uni
- ☐ Einkauf
- ☐ private Erledigung
- ☐ Holen/Bringen von Personen
- ☐ Freizeitaktivität
- ☐ nach Hause
- ☐ Sonstiges, und zwar:

Verkehrsmittel?
- ☐ zu Fuß
- ☐ Fahrrad
- ☐ öffentlicher Nahverkehr (Bus, S-Bahn etc.)
- ☐ Motorrad, Moped
- ☐ Pkw als Fahrer
- ☐ Pkw als Mitfahrer
- ☐ Nah-/Fernverkehrszug
- ☐ Sonstiges, und zwar:

Wohnumfeld? ☐ nein   ☐ ja

Ankunft: _____ Uhr

Länge des Weges? ca. _____ km

weitere Wege? ☐ nein   ☐ ja

3.6 Verfügen Sie über einen der folgenden Führerscheine?

Pkw-Führerschein	☐ ja	☐ nein
Motorrad-Führerschein	☐ ja	☐ nein

3.7 Teilen Sie sich mit Personen außerhalb Ihres Haushalts einen Pkw?

☐ ja, privat organisiert   ☐ ja, organisiertes Car-Sharing   ☐ nein

3.8 Haben Sie eine Monats-/Jahreskarte für den öffentlichen Nahverkehr?

☐ ja   ☐ nein

4   Persönliche Angaben

4.1. Sie sind...

☐ ...männlich

☐ ...weiblich

4.2. Wie alt sind Sie?

_____ Jahre

4.3 Welchen höchsten Schulabschluss haben Sie?

☐ (noch) keinen Abschluss

☐ Volks-/Hauptschulabschluss, POS 8. Klasse

☐ Realschulabschluss/Mittlere Reife, POS 10. Klasse

☐ Abitur/Fachabitur

4.4 Welche höchste Berufsausbildung haben Sie?

☐ (noch) keine Ausbildung

☐ Lehre, Berufsfachschule, Handelsschule

☐ Meister-/Technikerschule, Fachschule, Berufs-/Fachakademie

☐ Hoch- oder Fachhochschule

4.5 Welche Haupttätigkeit üben Sie derzeit aus? *(Bitte nur eine Nennung)*

erwerbstätig

☐ Vollzeitbeschäftigung
(wöchentlich 35 Stunden und mehr)

☐ Teilzeitbeschäftigung
(wöchentlich zwischen 18 und 34 Stunden)

☐ geringfügige Beschäftigung
(wöchentlich weniger als 18 Stunden)

☐ vorübergehend freigestellt/beurlaubt
(z.B. Vater-/Mutterschutz, Elternzeit)

nicht erwerbstätig

☐ Hausmann/-frau

☐ Rentner/in, Pensionär/in,
im Vorruhestand

☐ zur Zeit arbeitslos

☐ Sonstiges, und zwar:

in Ausbildung

☐ Student/in

☐ Azubi

☐ Schüler/in

4.6 Was machen Sie derzeit beruflich? *(z.B. Graphikdesignerin, Verkäufer)*

5   Haushaltsangaben

5.1 Wie viele Personen leben ständig in Ihrer Wohnung, <u>Sie selbst mit eingeschlossen</u>?

_____ Anzahl

5.2 Mit welchen Personen leben Sie zusammen?

☐ Ehe-/Lebenspartner

☐ mit _____ Kind/ern → im Alter von ___, ___, ___, ___, ___, ___ Jahren

☐ Eltern/Verwandte

☐ Wohngemeinschaft (WG)

☐ Sonstiges, und zwar:

A-11

▶ *Falls Sie mit Ihrer Partnerin/Ihrem Partner zusammen wohnen: (ansonsten bitte weiter mit Frage 5.5)*

5.3 Welche Haupttätigkeit übt derzeit Ihre Partnerin/Ihr Partner aus? *(Bitte nur eine Nennung)*

erwerbstätig	*nicht erwerbstätig*	*in Ausbildung*
□ Vollzeitbeschäftigung	□ Hausmann/-frau	□ Student/in
(wöchentlich 35 Stunden und mehr)	□ Rentner/in, Pensionär/in,	□ Azubi
□ Teilzeitbeschäftigung	im Vorruhestand	□ Schüler/in
(wöchentlich zwischen 18 und 34 Stunden)	□ zur Zeit arbeitslos	
□ geringfügige Beschäftigung		
(wöchentlich weniger als 18 Stunden)	□ Sonstiges, und zwar:	
□ vorübergehend freigestellt/beurlaubt		
(z.B. Vater-/Mutterschutz, Elternzeit)		

5.4 Wo befindet sich ihr/sein Arbeitsort?

Ort/Stadtteil:

□ Arbeitsplatz zu Hause

□ Arbeitsort wechselt immer *(z.B. Außendienst)*

5.5 Wie viele der folgenden Fahrzeuge gibt es in Ihrem Haushalt?

5.6 Stehen Ihnen diese Fahrzeuge zur Verfügung?

	Anzahl	ja, uneingeschränkt	ja, nach Absprache	nein
Pkw		□	□	□
Motorrad		□	□	□
Moped		□	□	□
Fahrrad		□	□	□

5.7 Wie hoch ist das monatliche Nettoeinkommen Ihres gesamten Haushalts?
(Falls Sie in einer Wohngemeinschaft wohnen, geben Sie bitte nur Ihr eigenes Einkommen an)

□ unter 500 €	□ 2.600 bis unter 3.600 €
□ 500 bis unter 900 €	□ 3.600 bis unter 4.600 €
□ 900 bis unter 1.500 €	□ 4.600 bis unter 5.600 €
□ 1.500 bis unter 2.000 €	□ 5.600 € und mehr
□ 2.000 bis unter 2.600 €	□ keine Angabe □ weiß nicht

5.8 Bitte geben Sie zum Schluss noch Ihre monatliche Nettokaltmiete an, falls Sie zur Miete wohnen:
(d.h. also Ihre monatliche Miete ohne Nebenkosten, wie z.B. Strom, Heizkosten)

In Euro: □ keine Angabe   □ weiß nicht

Herzlichen Dank für Ihre Mithilfe!

Im Frühjahr 2013 möchten wir die Untersuchung mit persönlichen Interviews ergänzen. Die Interviews dauern ca. 30 min und unter den Teilnehmenden werden **Preise verlost**. Falls Sie unverbindlich dazu kontaktiert werden möchten, benötigen wir hier noch Ihre Kontaktdaten:

Ihre Telefonnummer oder E-Mail Adresse:_____

Haben Sie noch Anmerkungen oder Kommentare?

The manufacturer's authorised representative in the EU is Springer
Nature Customer Service Centre GmbH, Europaplatz 3, 69115 Heidelberg,
Germany. If you have any concerns regarding our products, please
contact ProductSafety@springernature.com

Printed and bound by CPI Group (UK) Ltd, Croydon, CR0 4YY

27/04/2026

02097658-0004